AF212034

Paz y Amor

libro para colorear

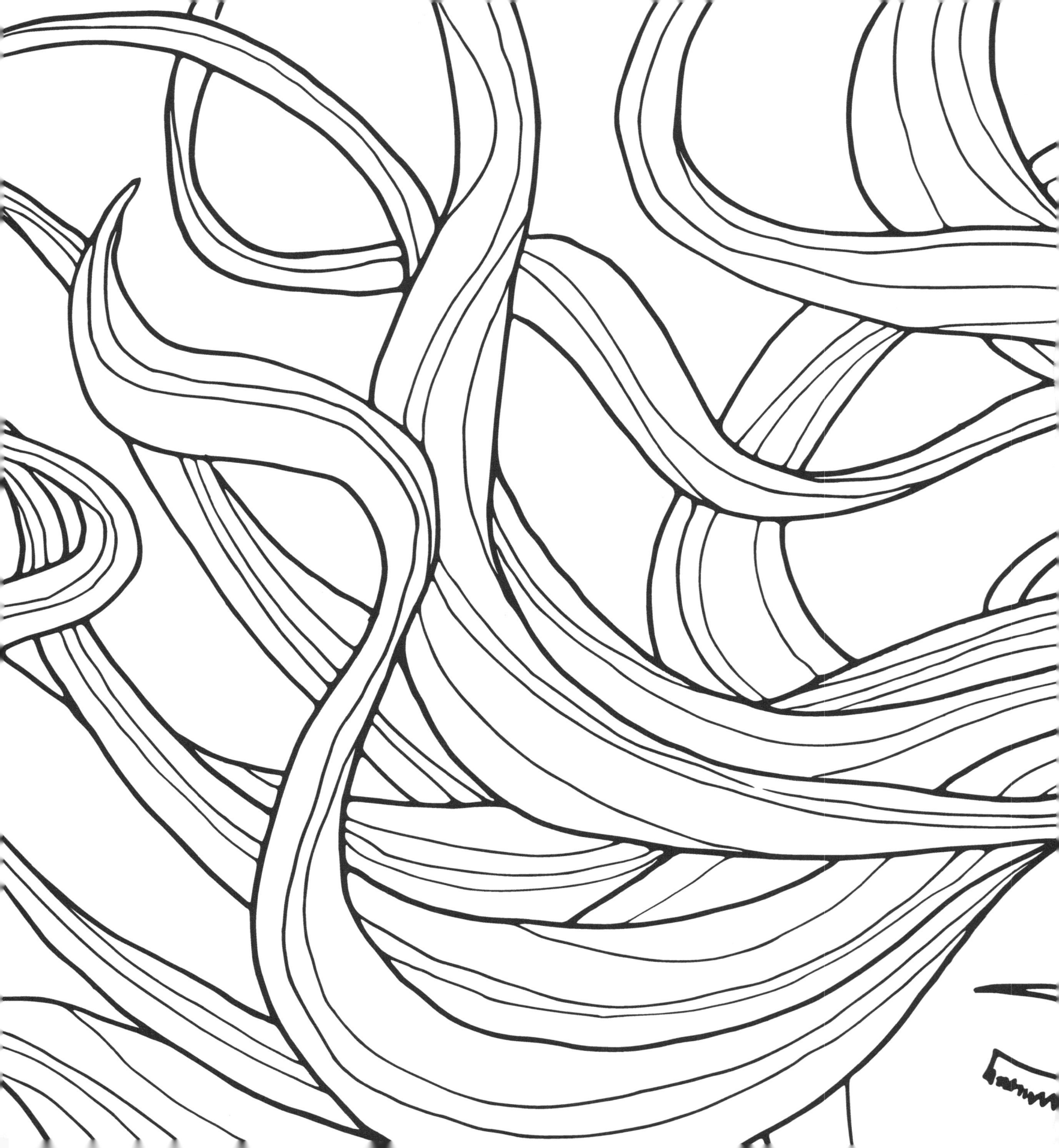

Paz y Amor

libro para colorear

NINA TAYLOR

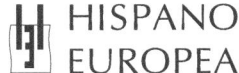

HISPANO
EUROPEA

Título de la edición original: The Love & Peace Colouring Book

Copyright © Arcturus Holdings Limited
26/27 Bickels Yard, 151–153 Bermondsey Street,
London SE1 3HA

© de la edición en castellano, 2023:
Editorial Hispano Europea, S. A.
E-mail: hispanoeuropea@hispanoeuropea.com

Toda forma de reproducción, distribución, comunicación pública o
transformación de esta obra solo puede ser realizada con la autorización de
sus titulares, salvo la excepción prevista por la ley. Diríjase al editor si necesita
fotocopiar o digitalizar algún fragmento de esta obra.

Depósito Legal: B 8520-2023
ISBN: 978-84-255-2157-7

Consulte nuestra web:
www.hispanoeuropea.com

Impreso en España

Introducción

Prepárate para celebrar la paz y el amor con este hermoso libro para colorear de Nina Taylor. Sus obras de arte originales de pájaros, mariposas, puestas de sol, corazones y flores te invitan a sumergirte en un mundo apacible de felicidad, romance y ensoñación.

Este libro también te ayudará a relajarte. Los contornos detallados de estas páginas están hechos a medida para colorear de la forma que elijas. Mientras lo haces, descubrirás un espacio tranquilo donde puedes calmar tu mente y concentrarte en vivir el momento presente.

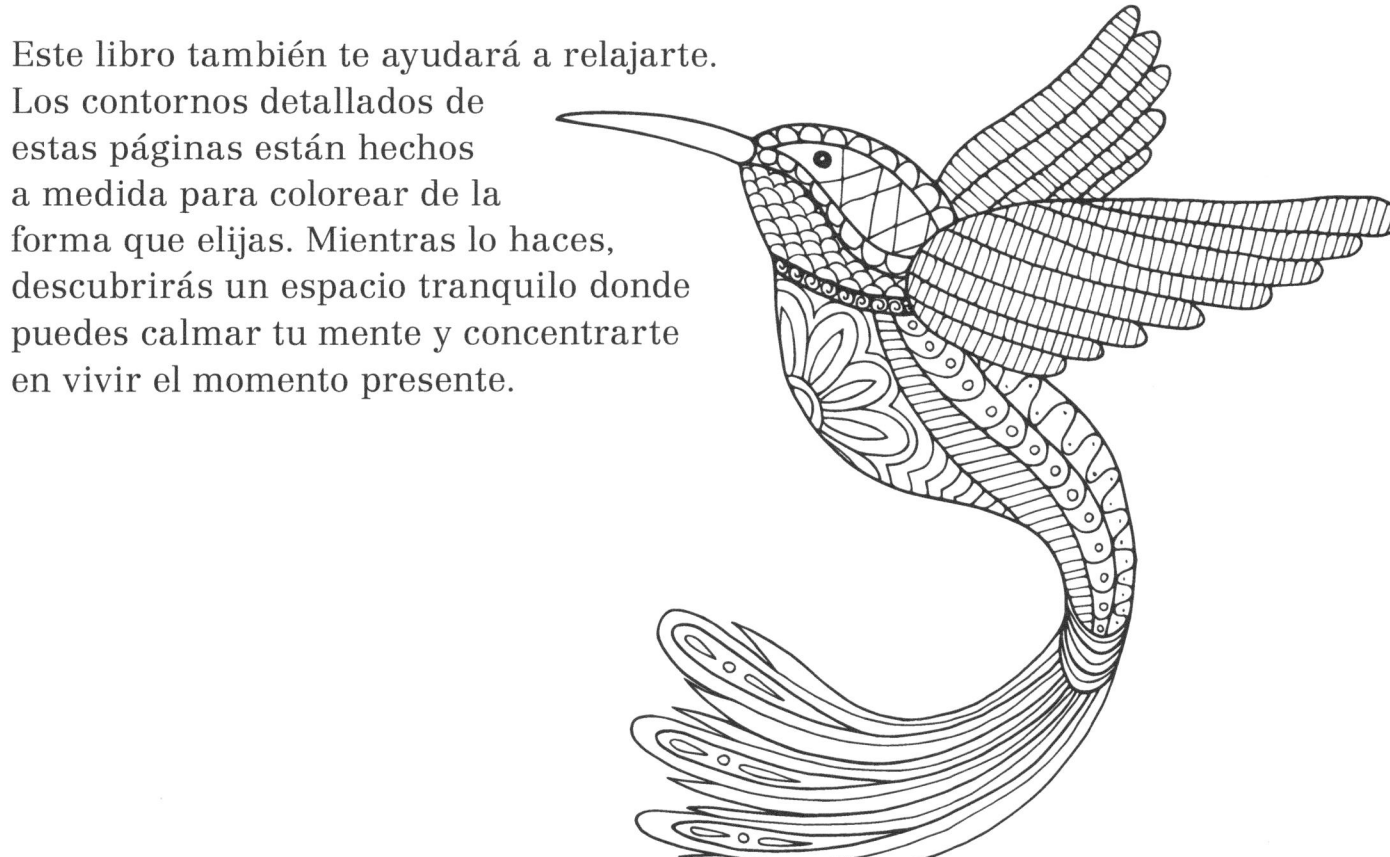

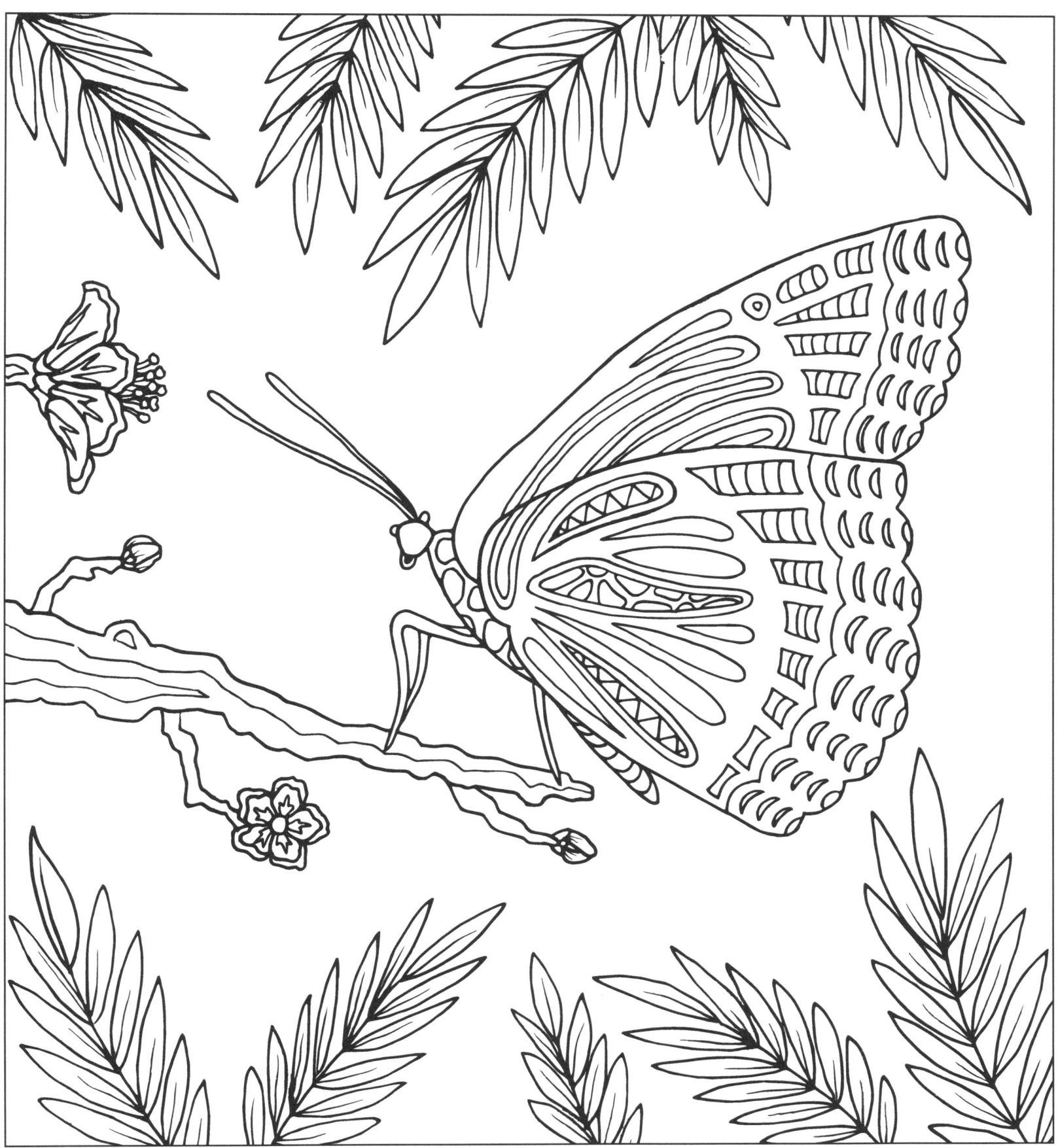

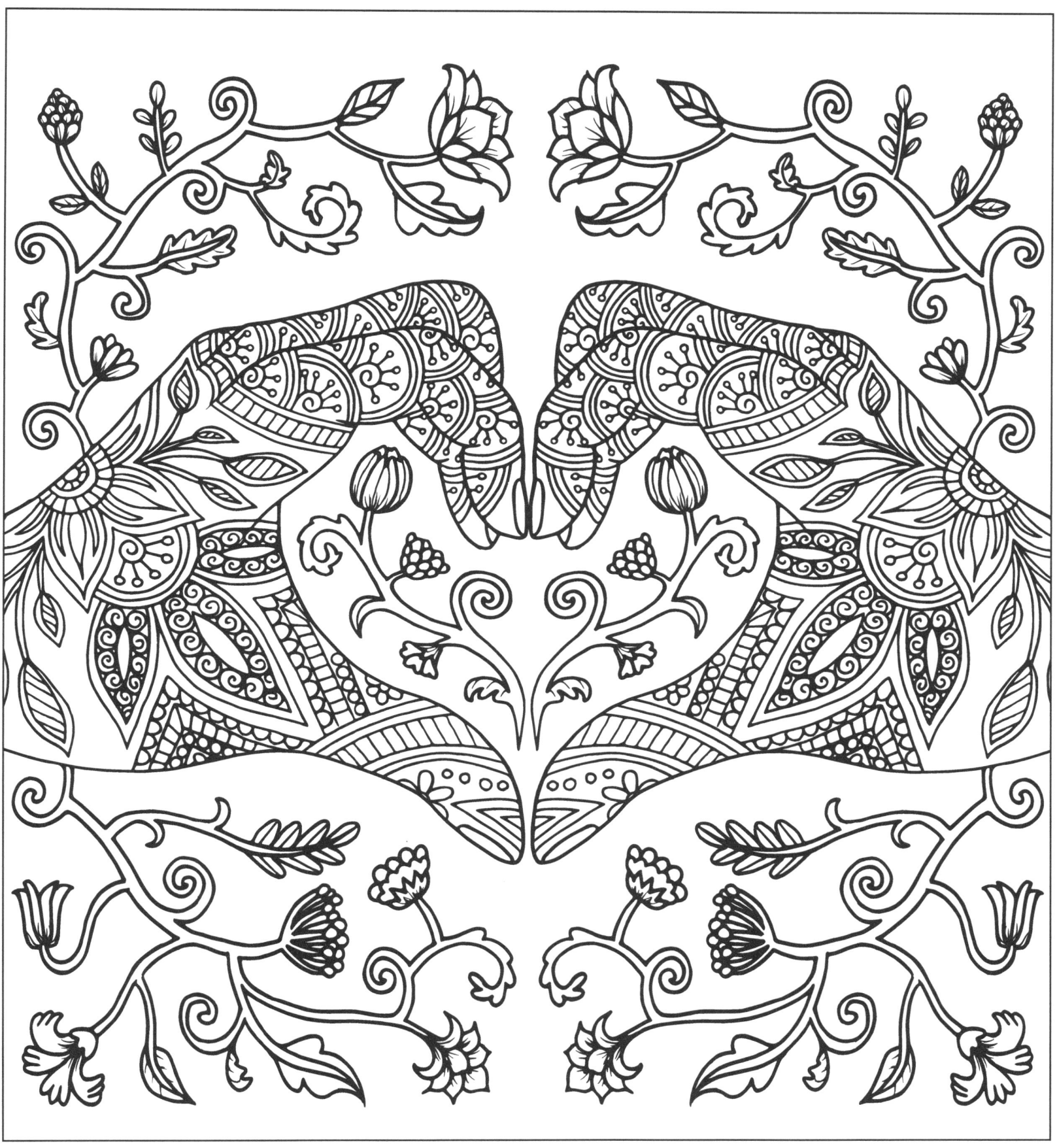

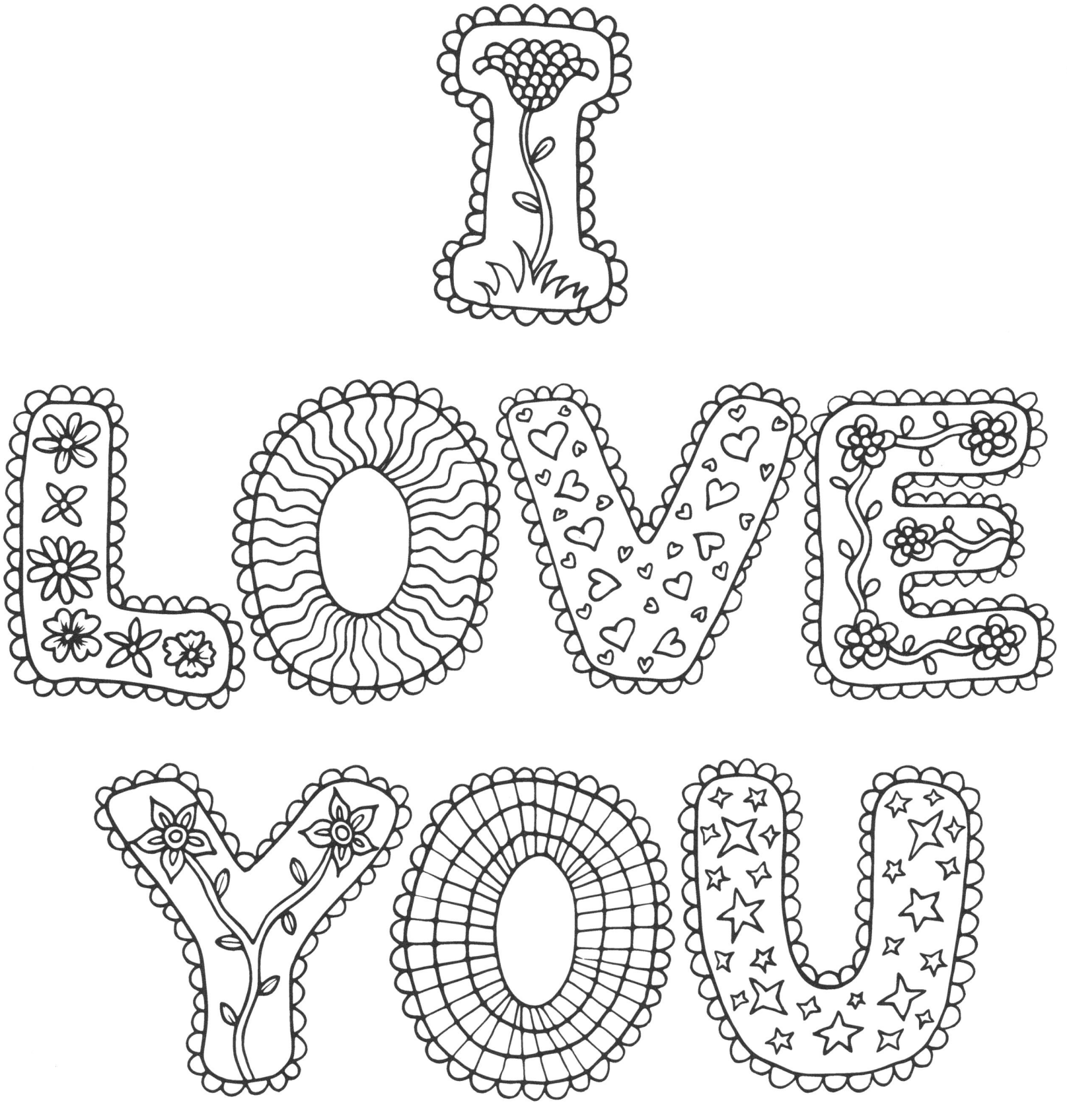

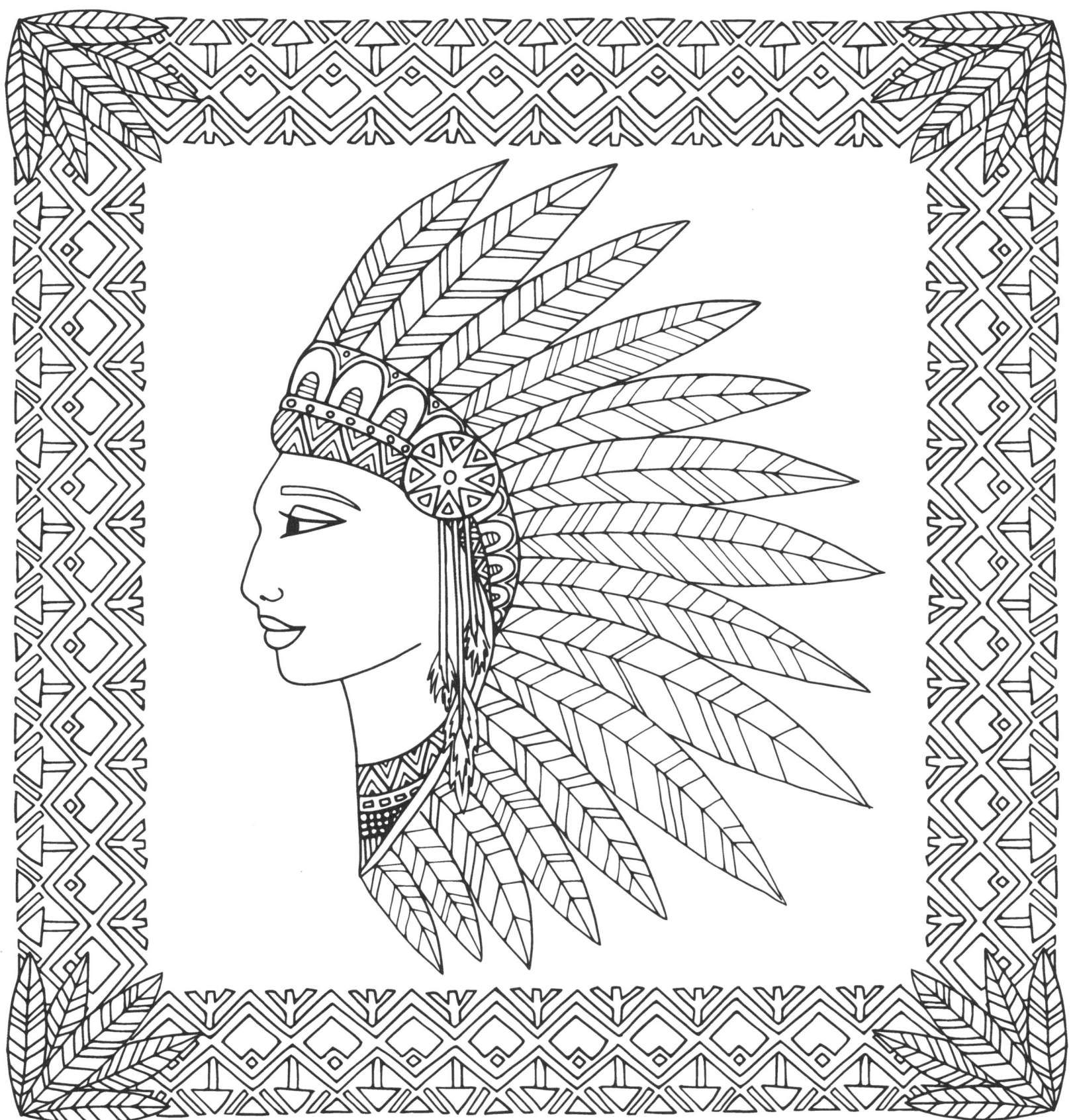

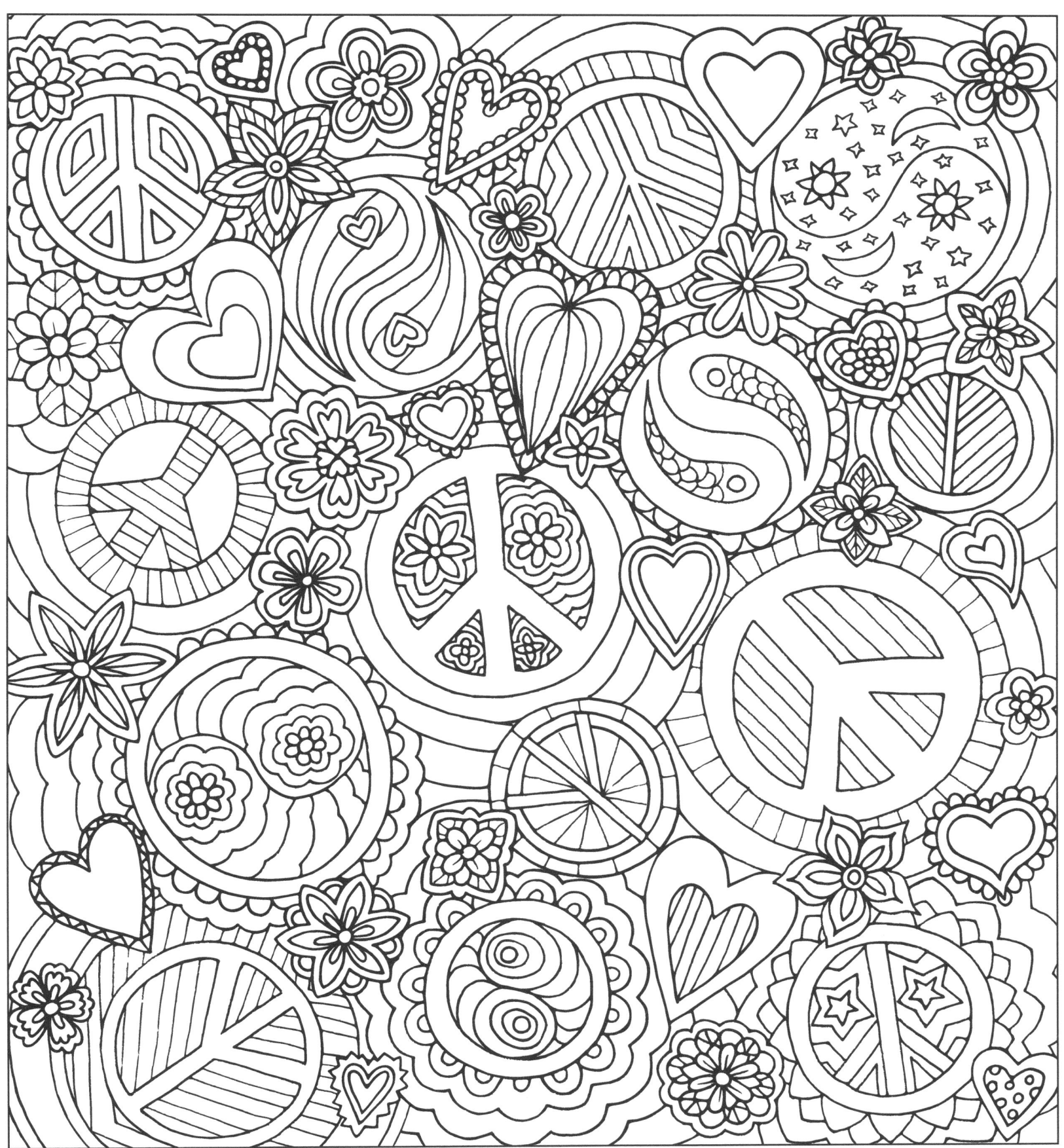

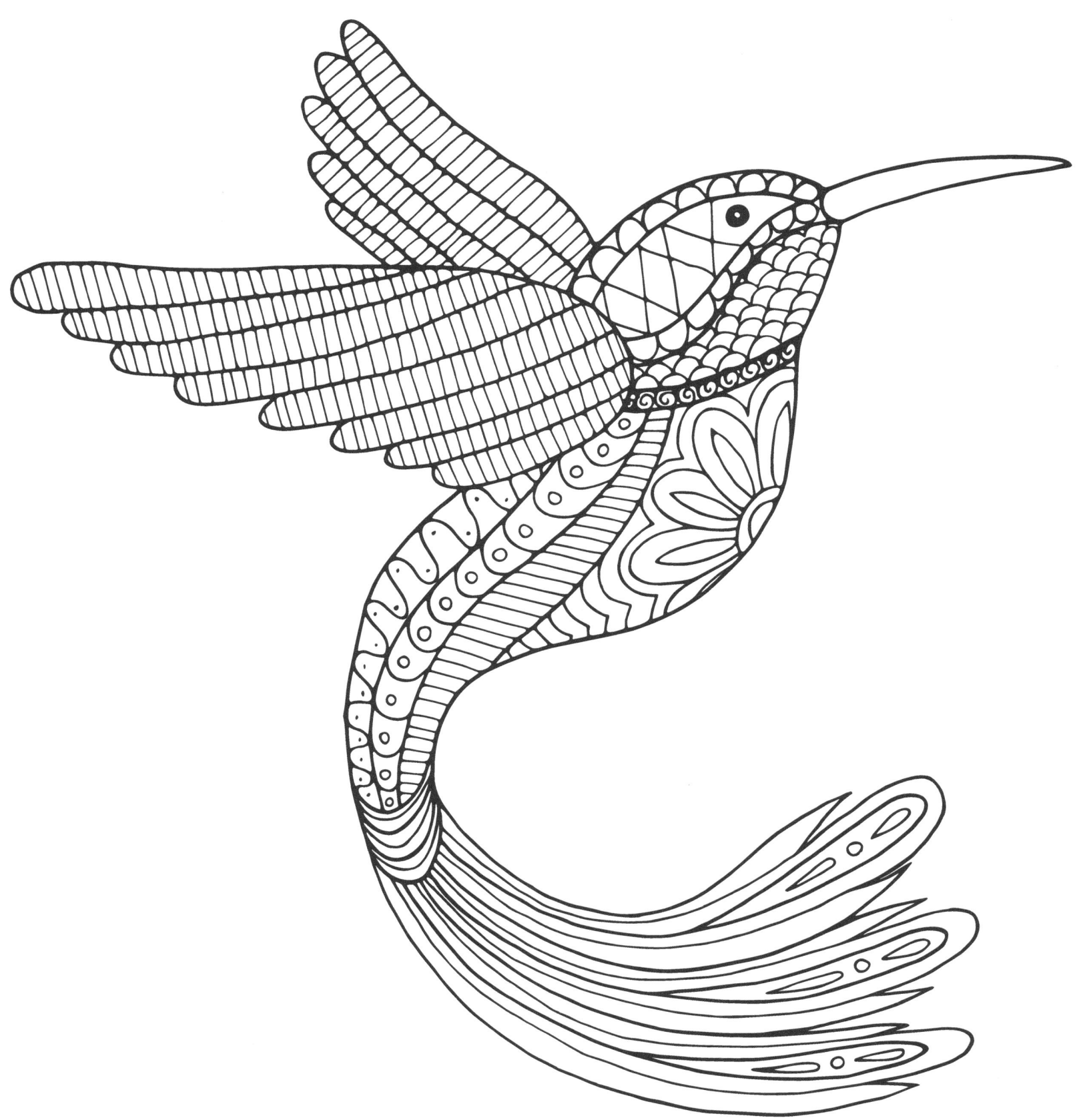

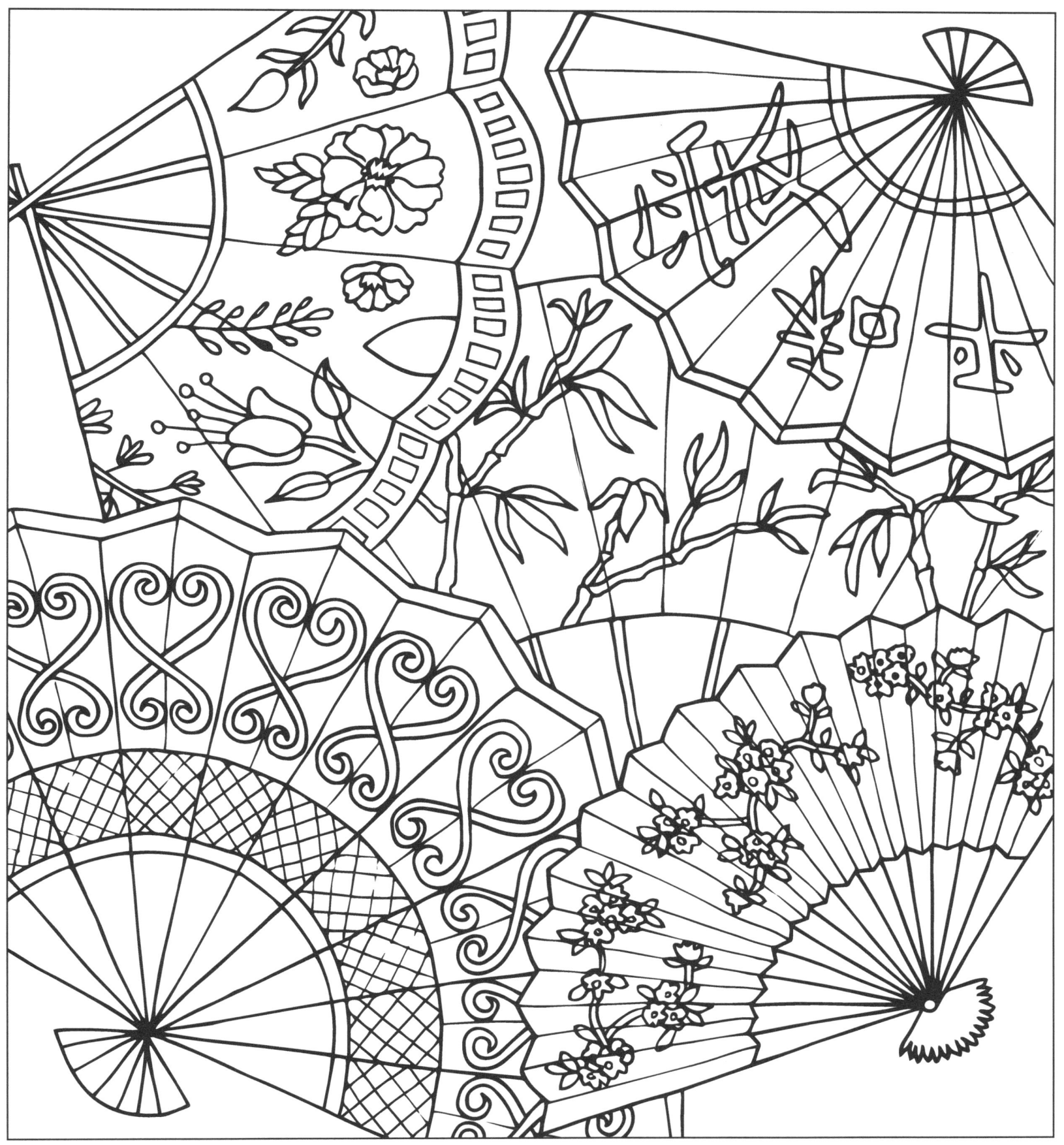

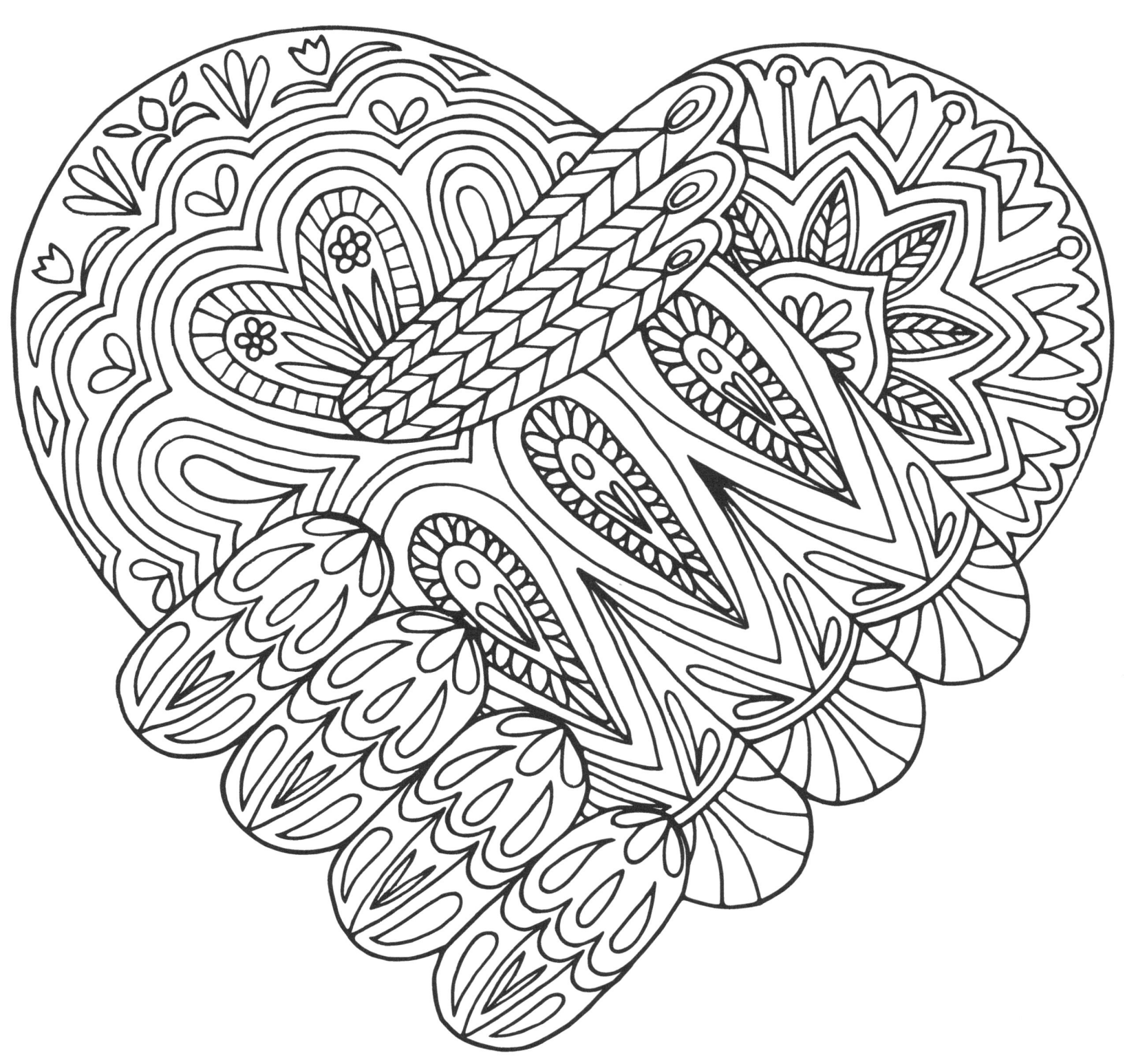

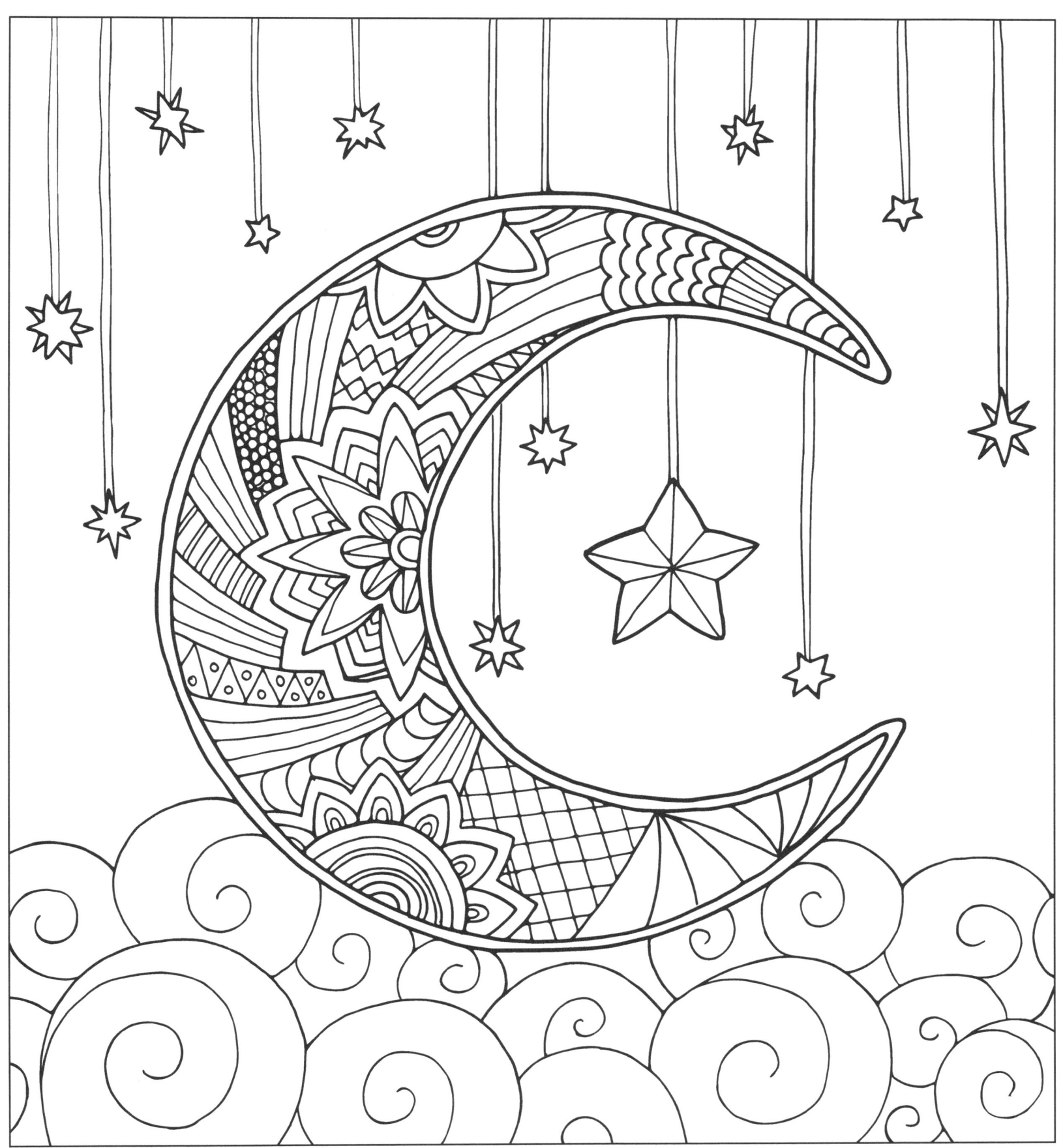

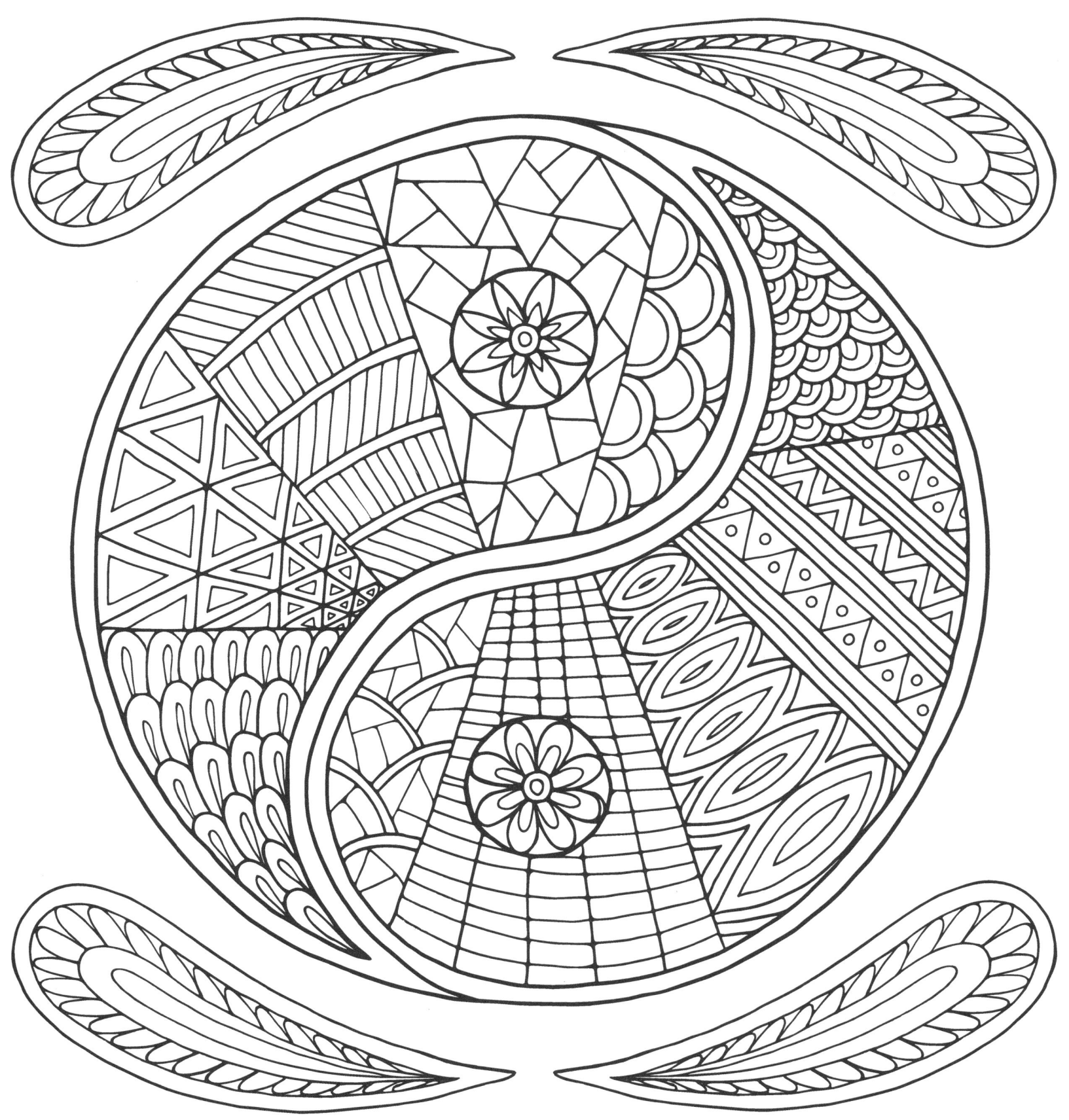

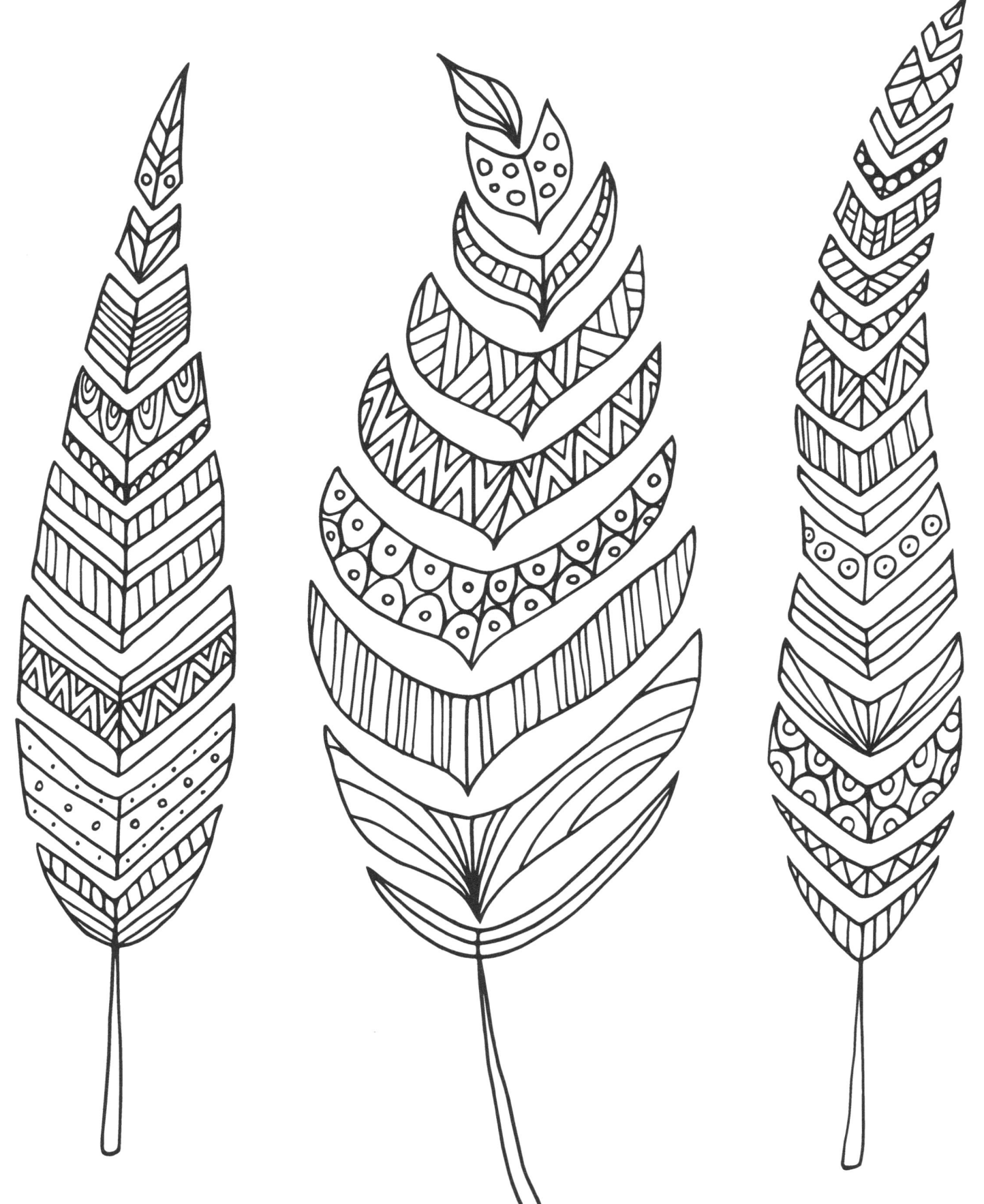

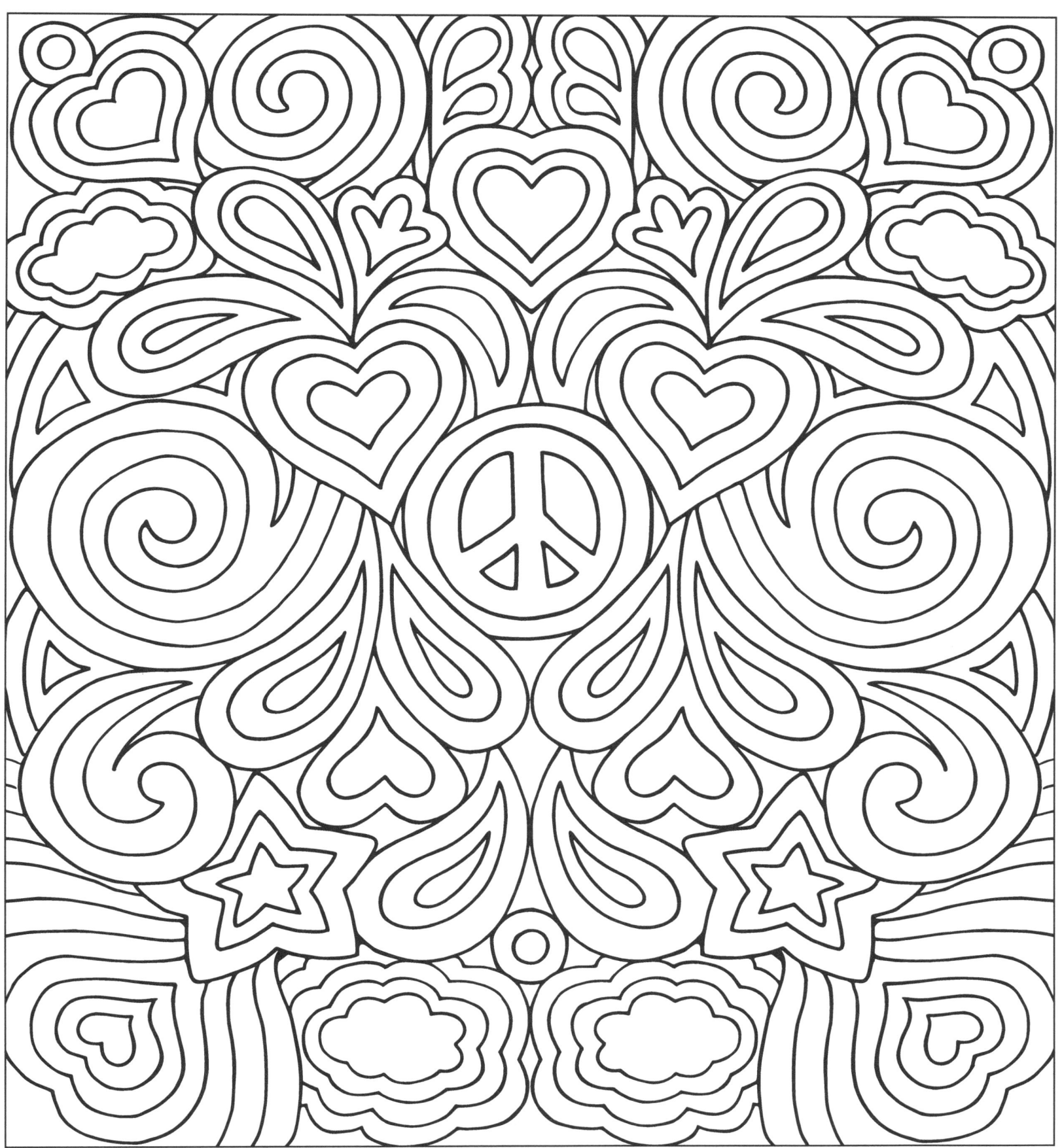

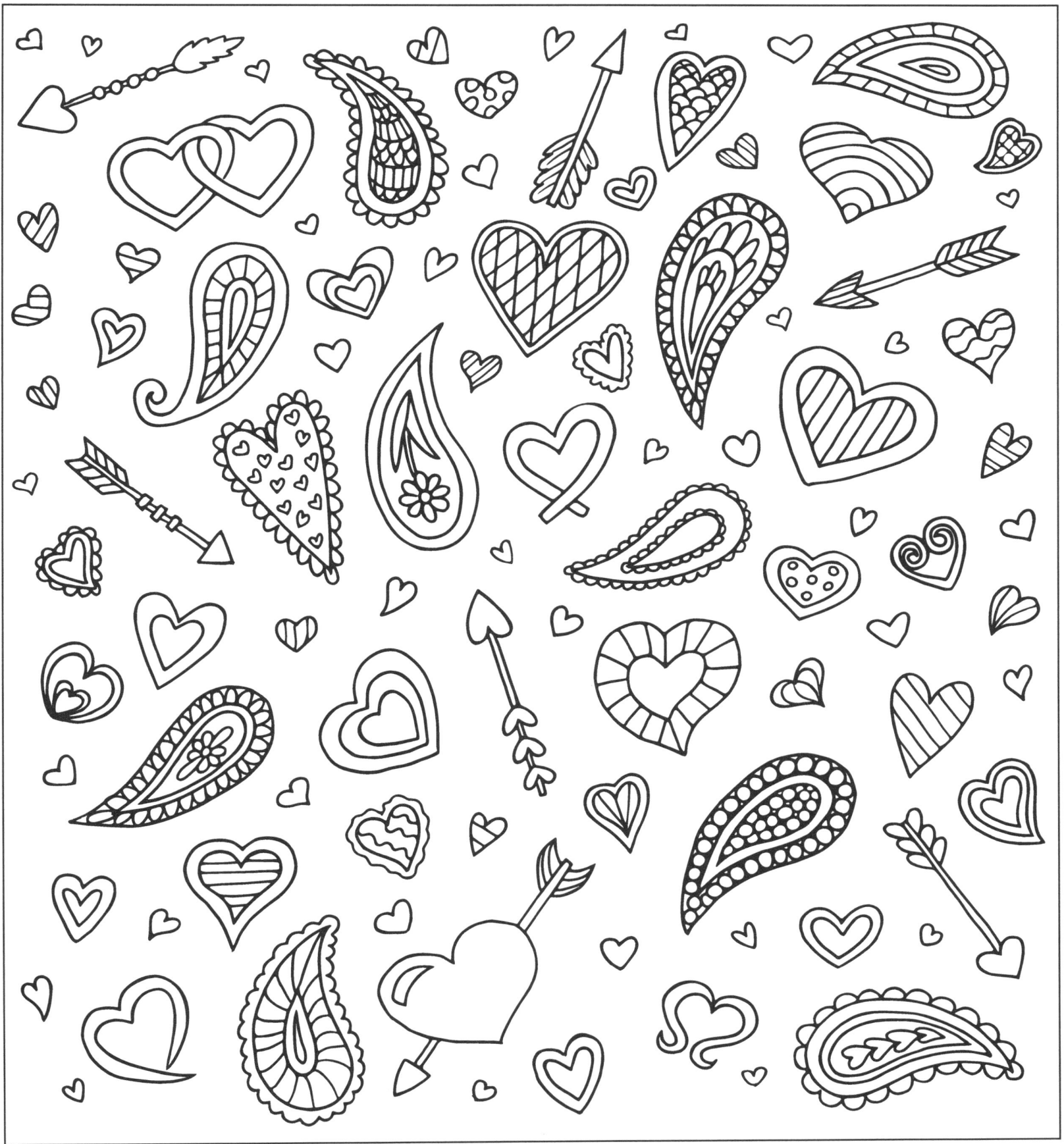

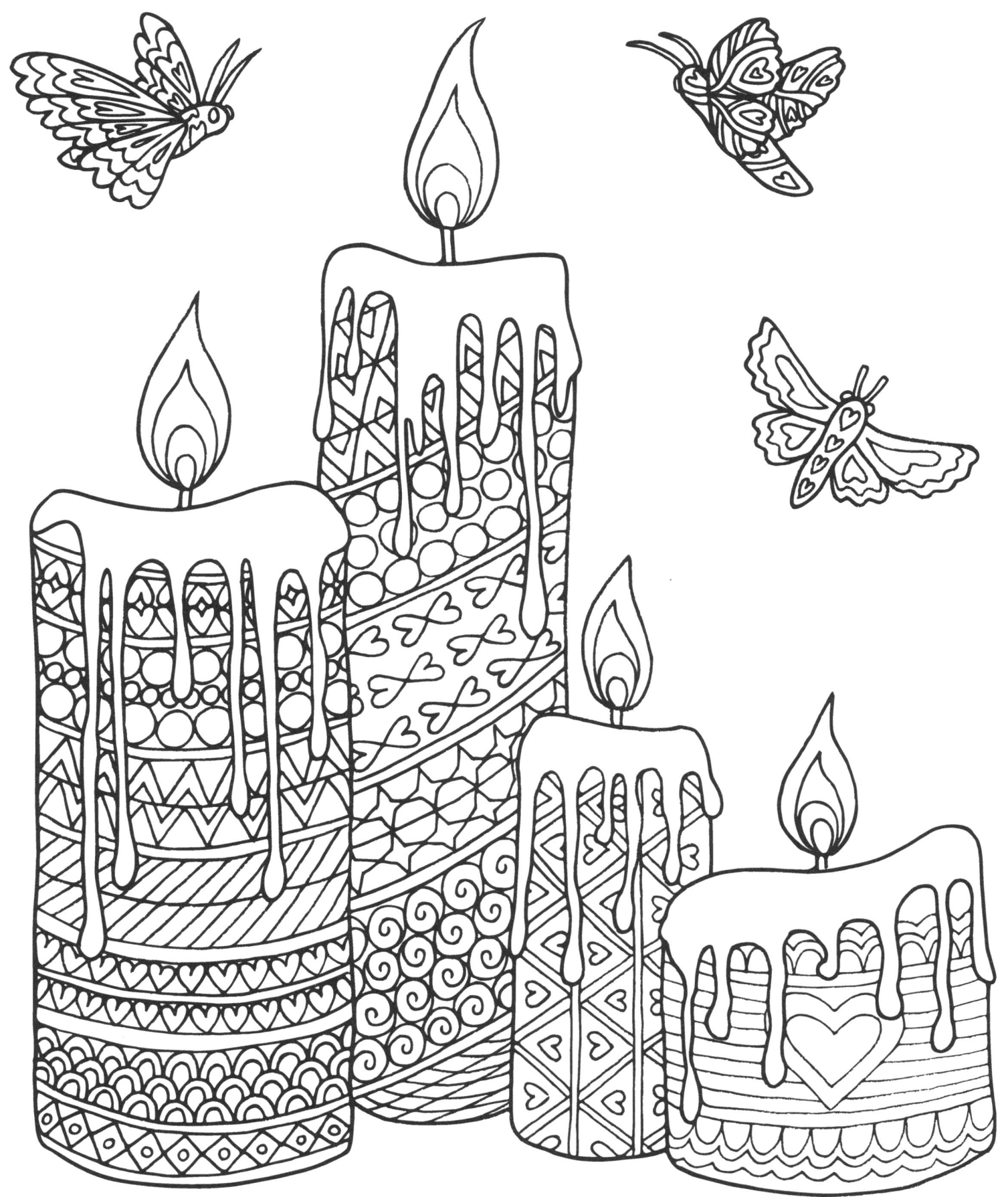

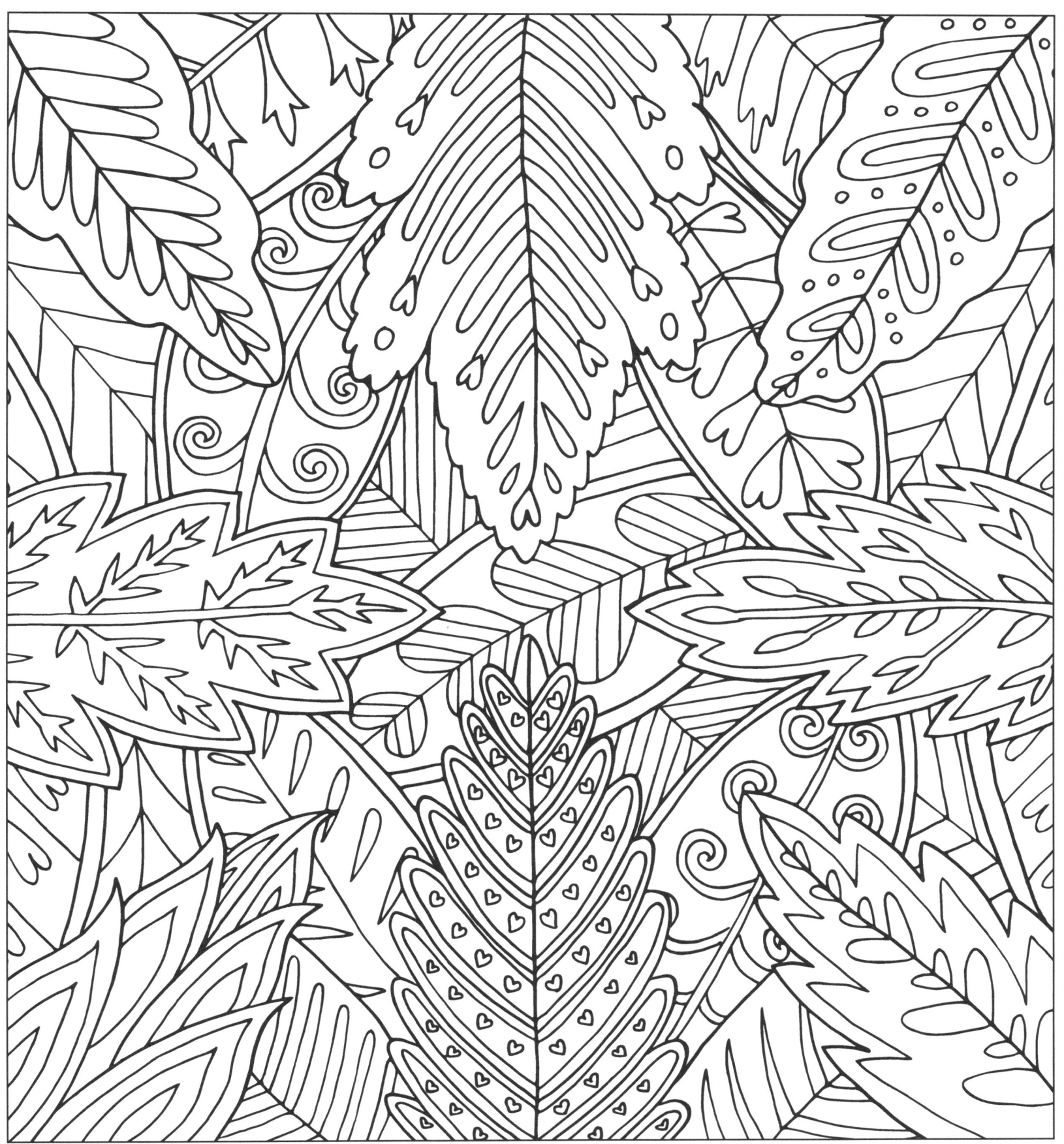

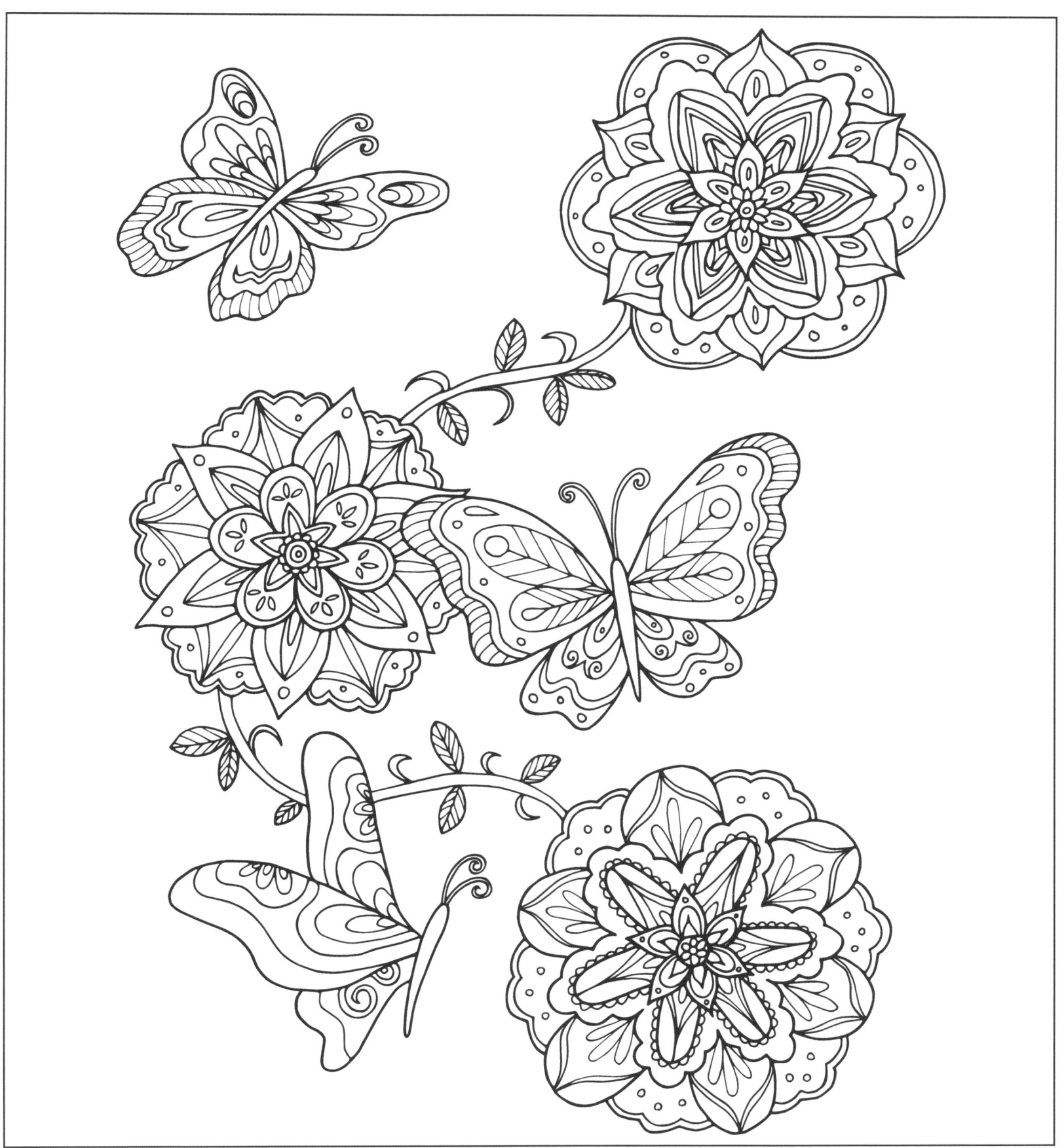

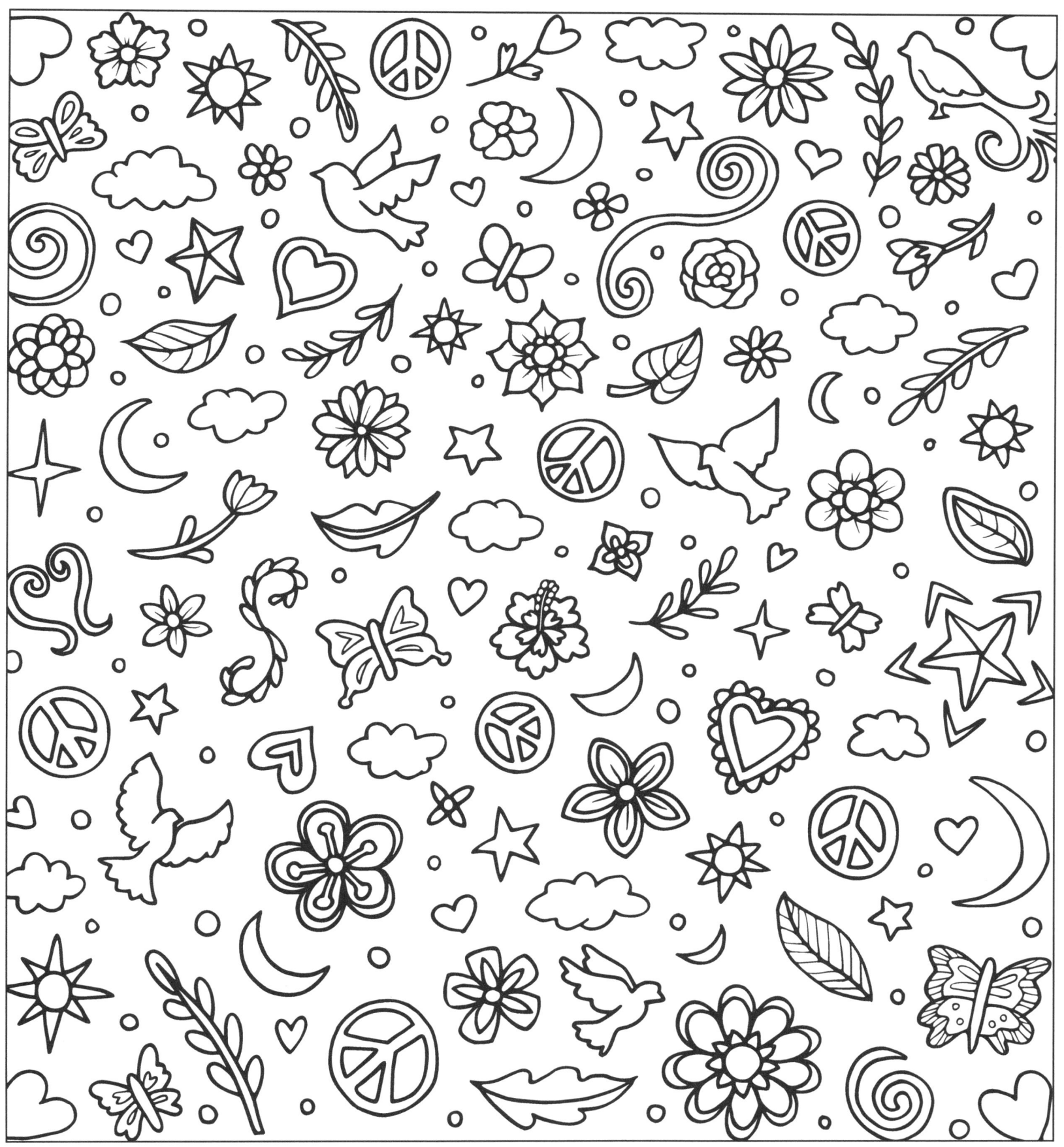

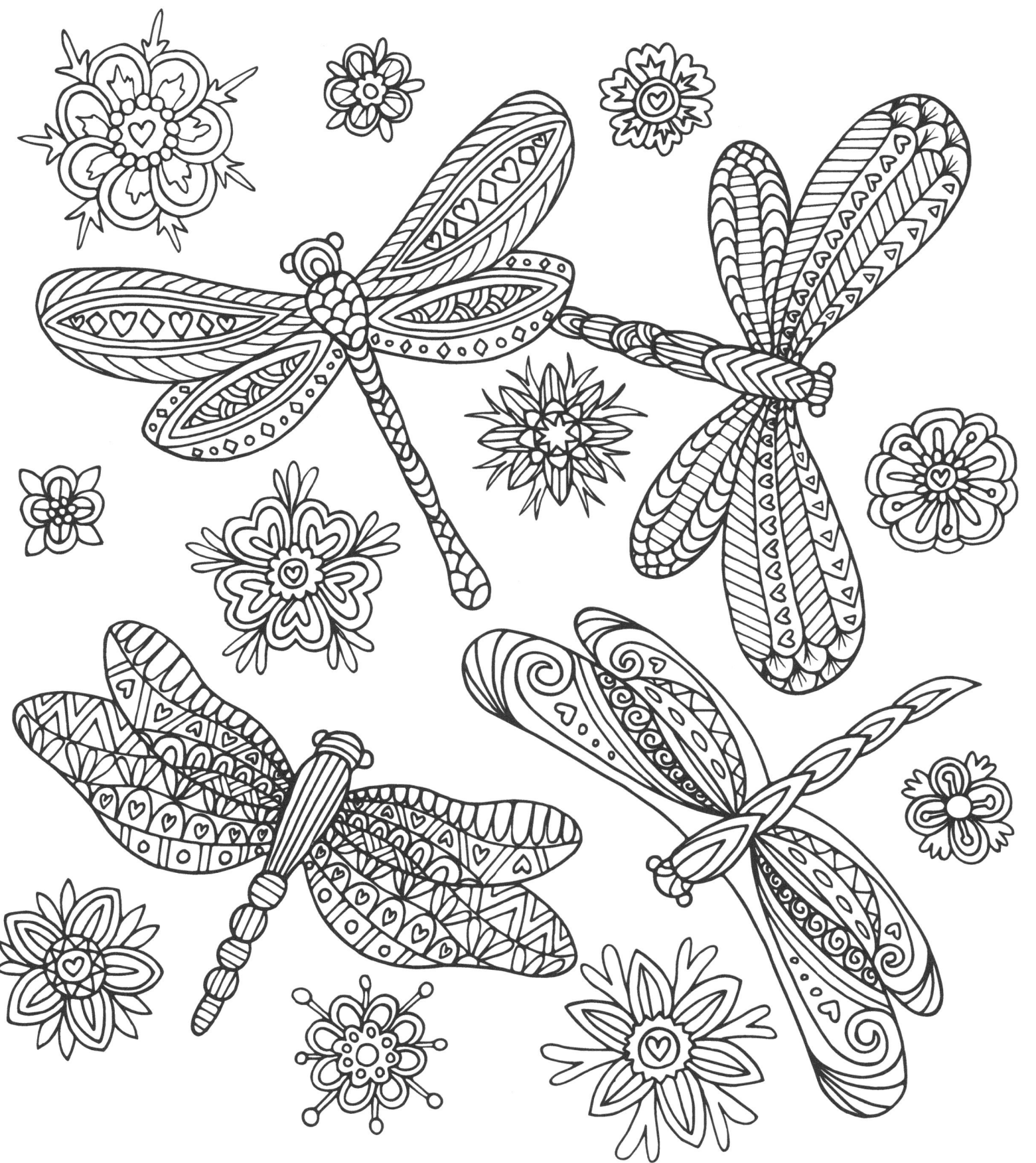

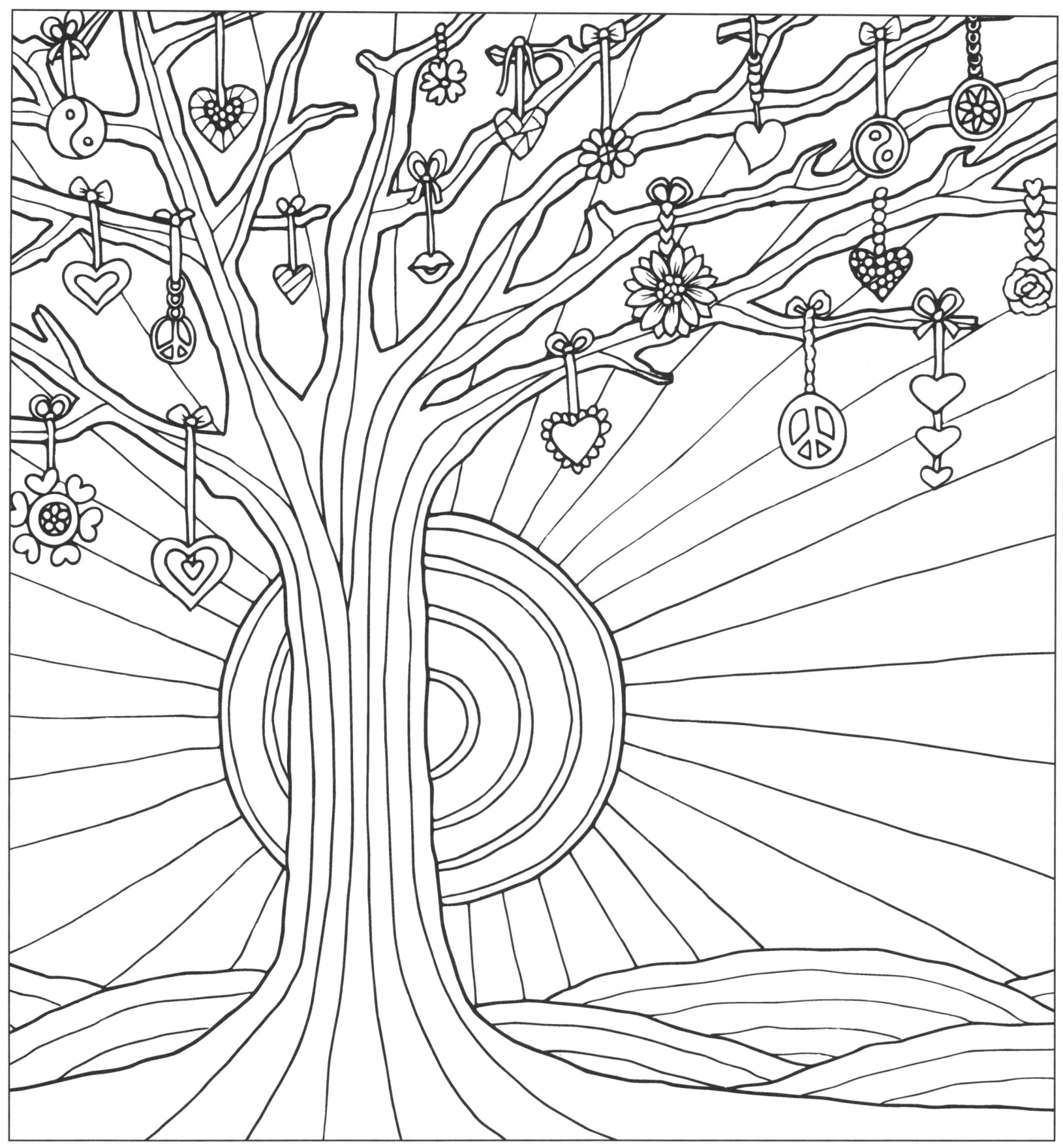

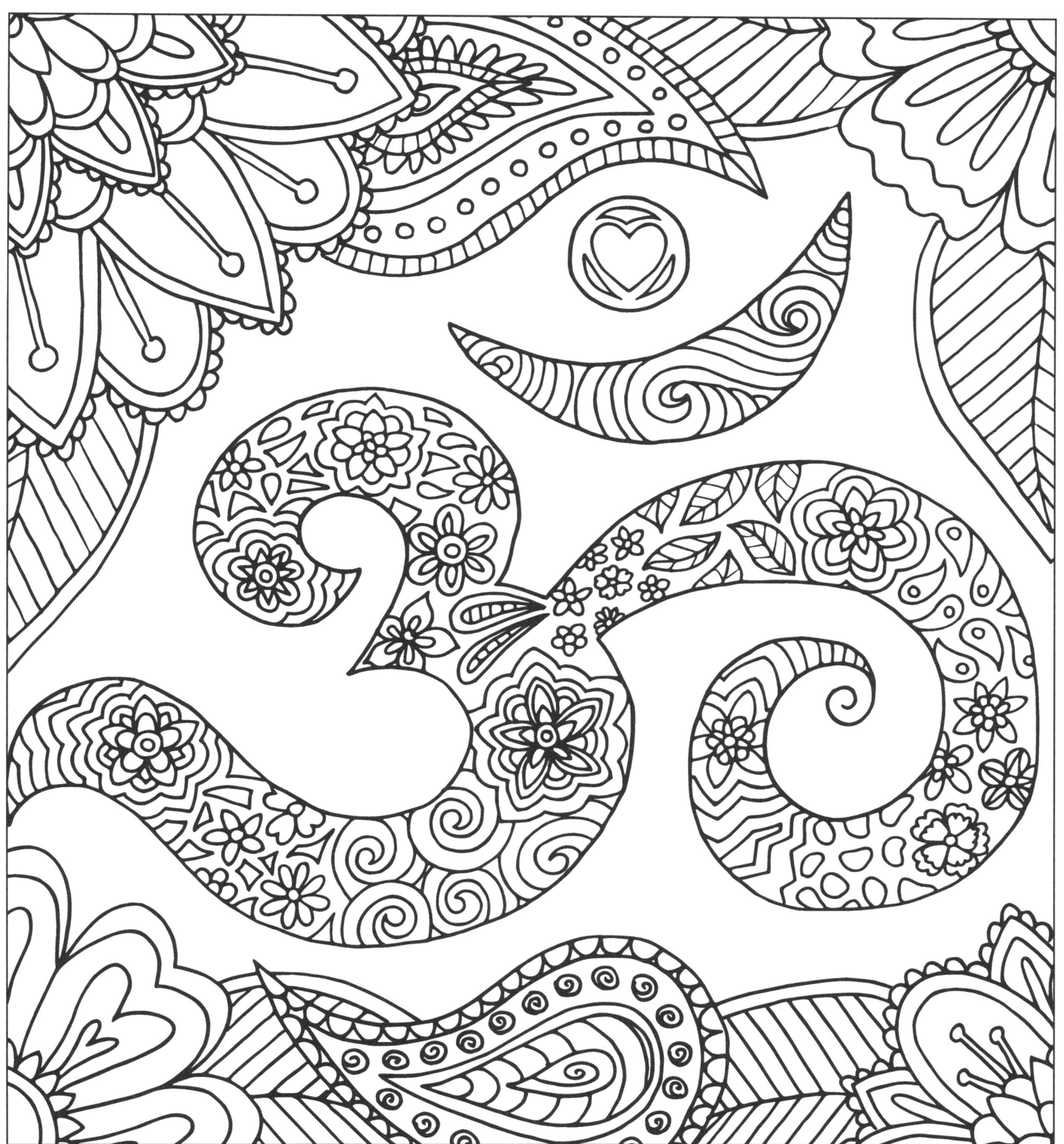

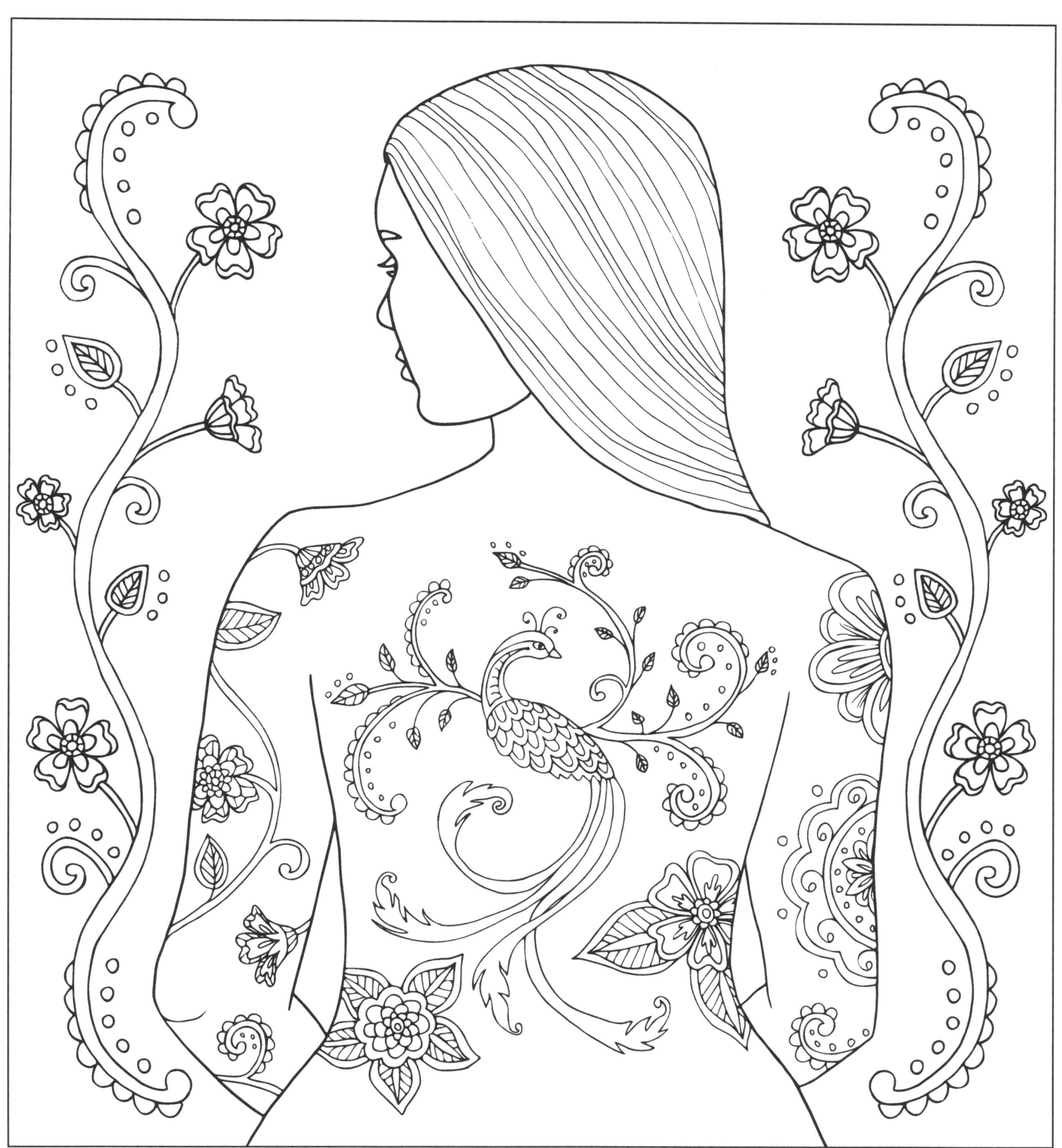

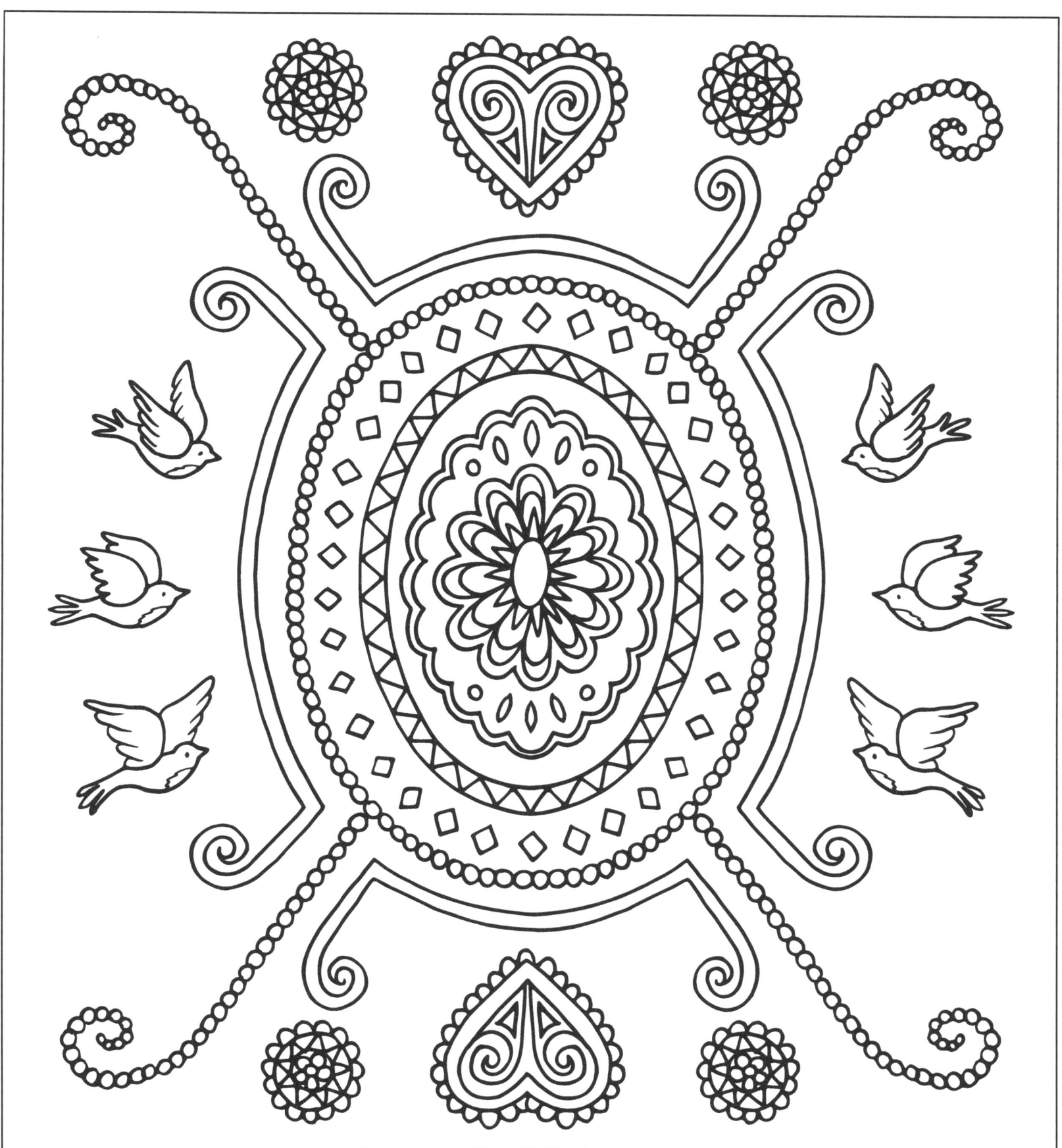

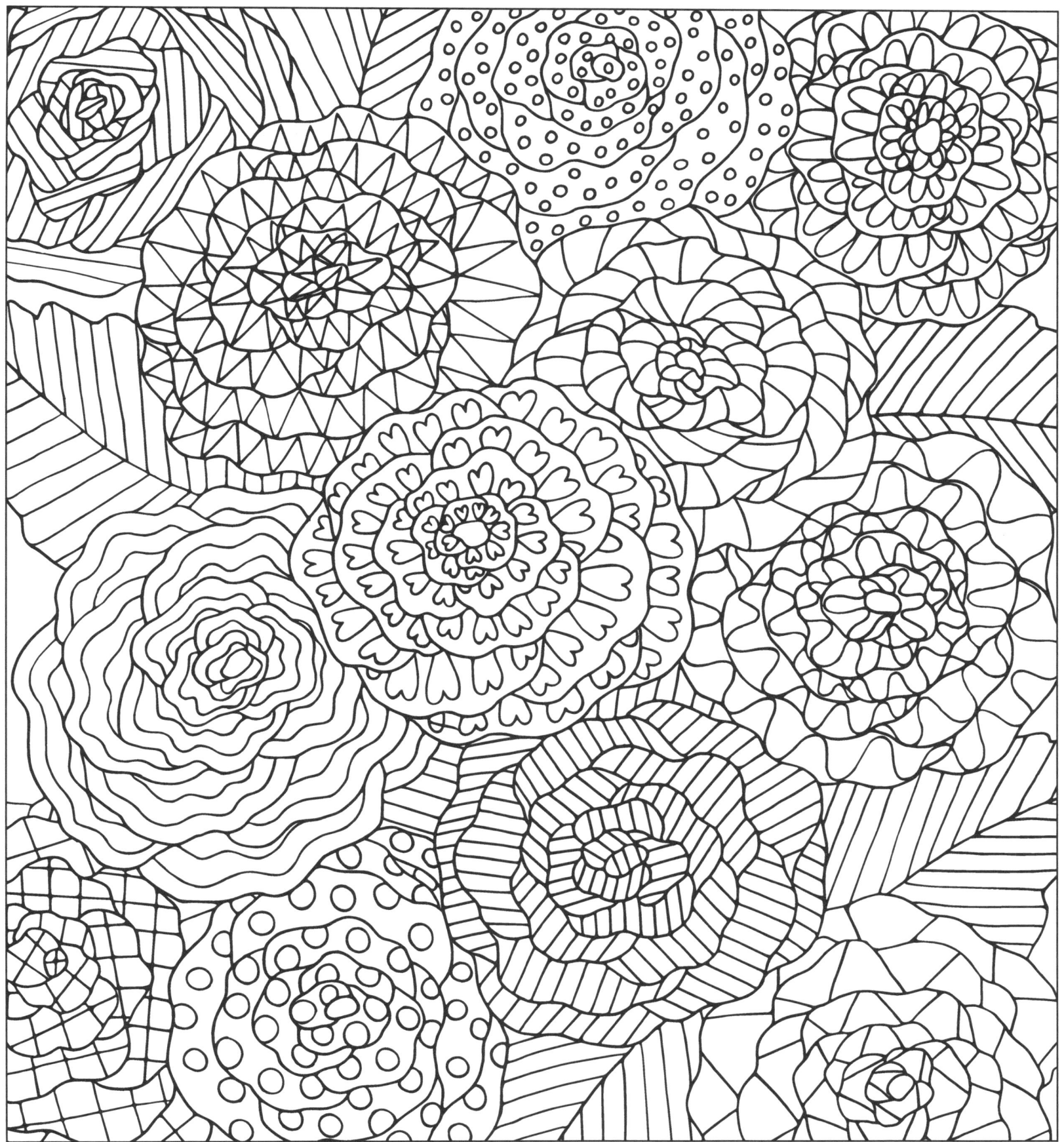

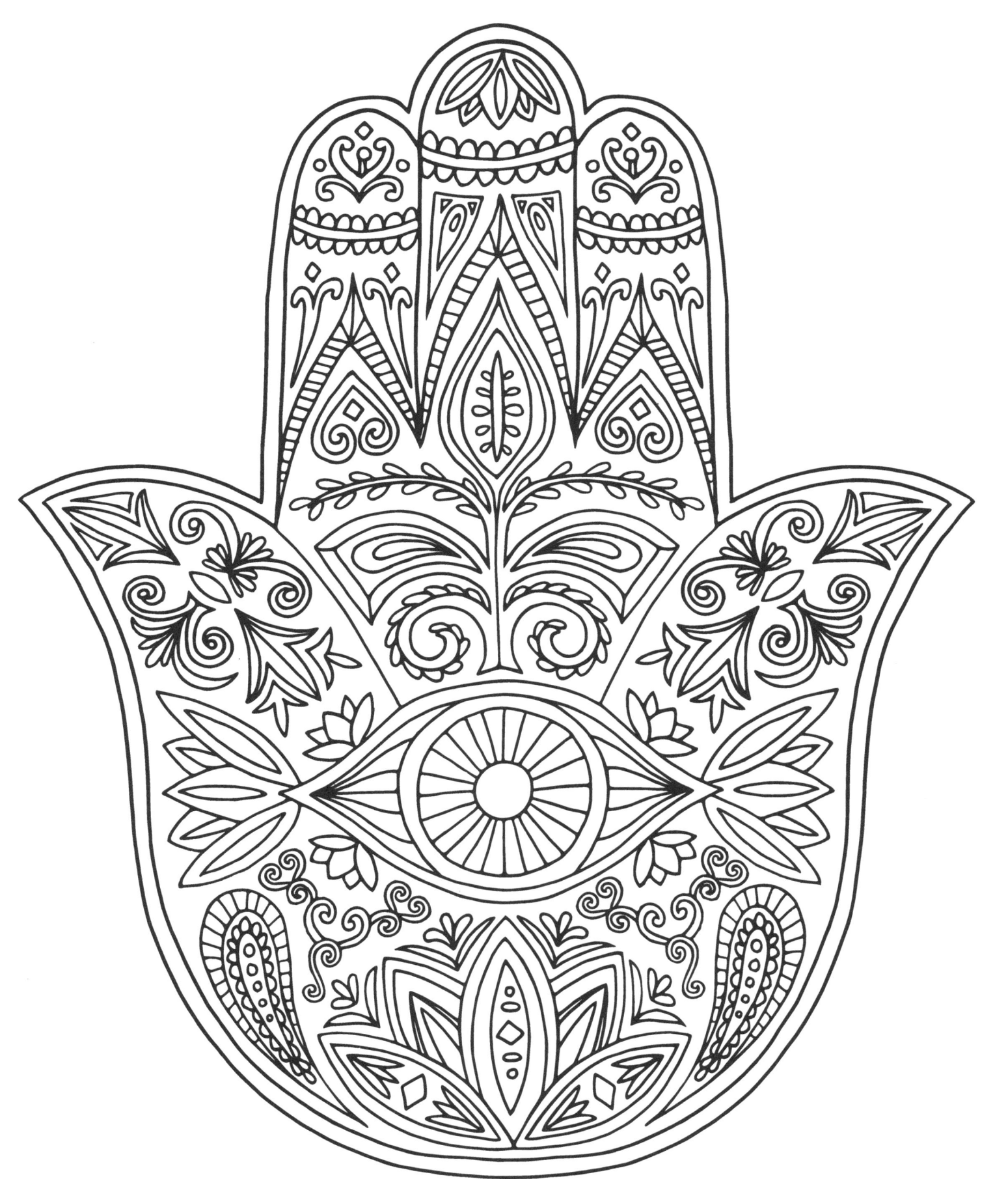

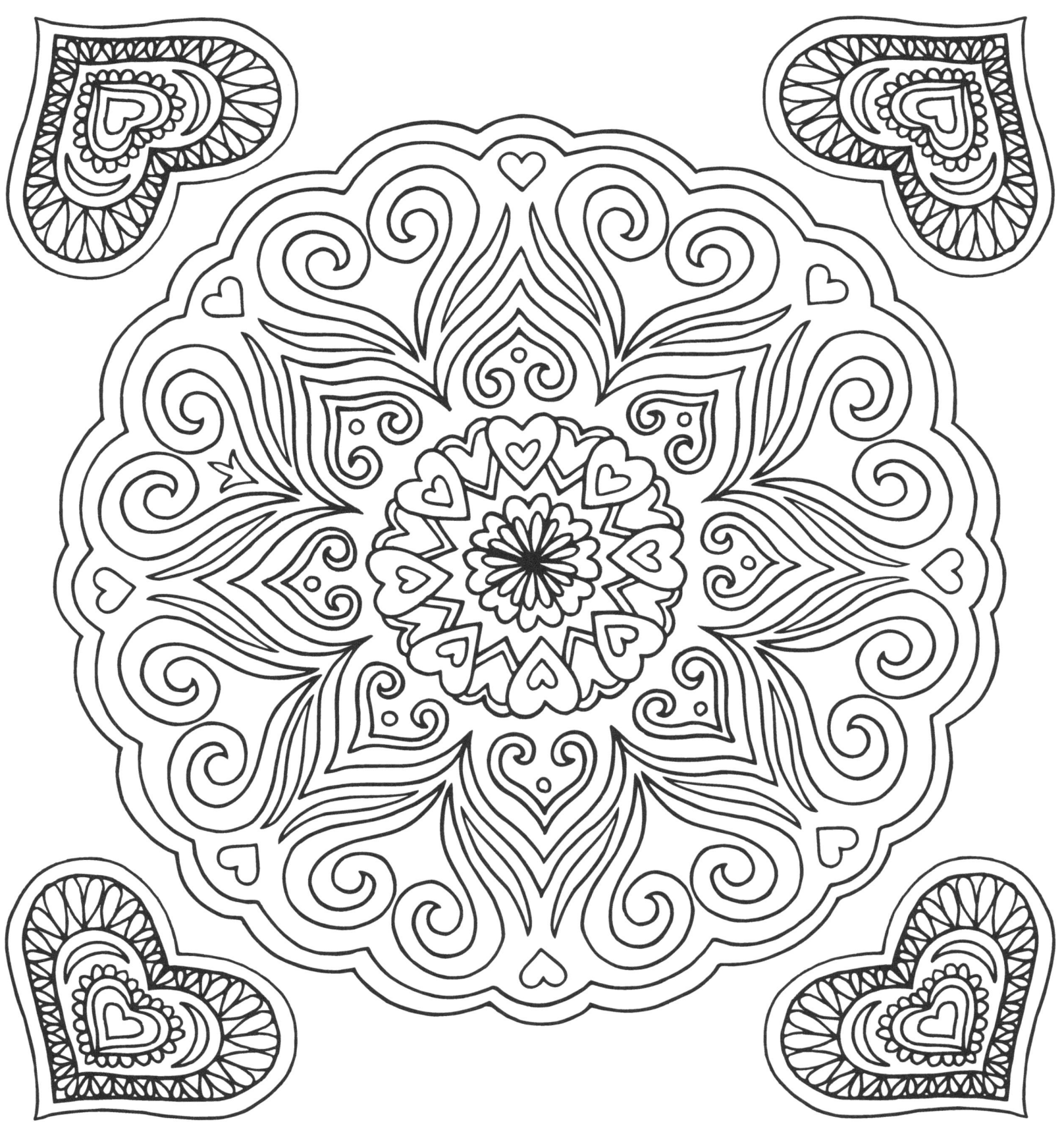

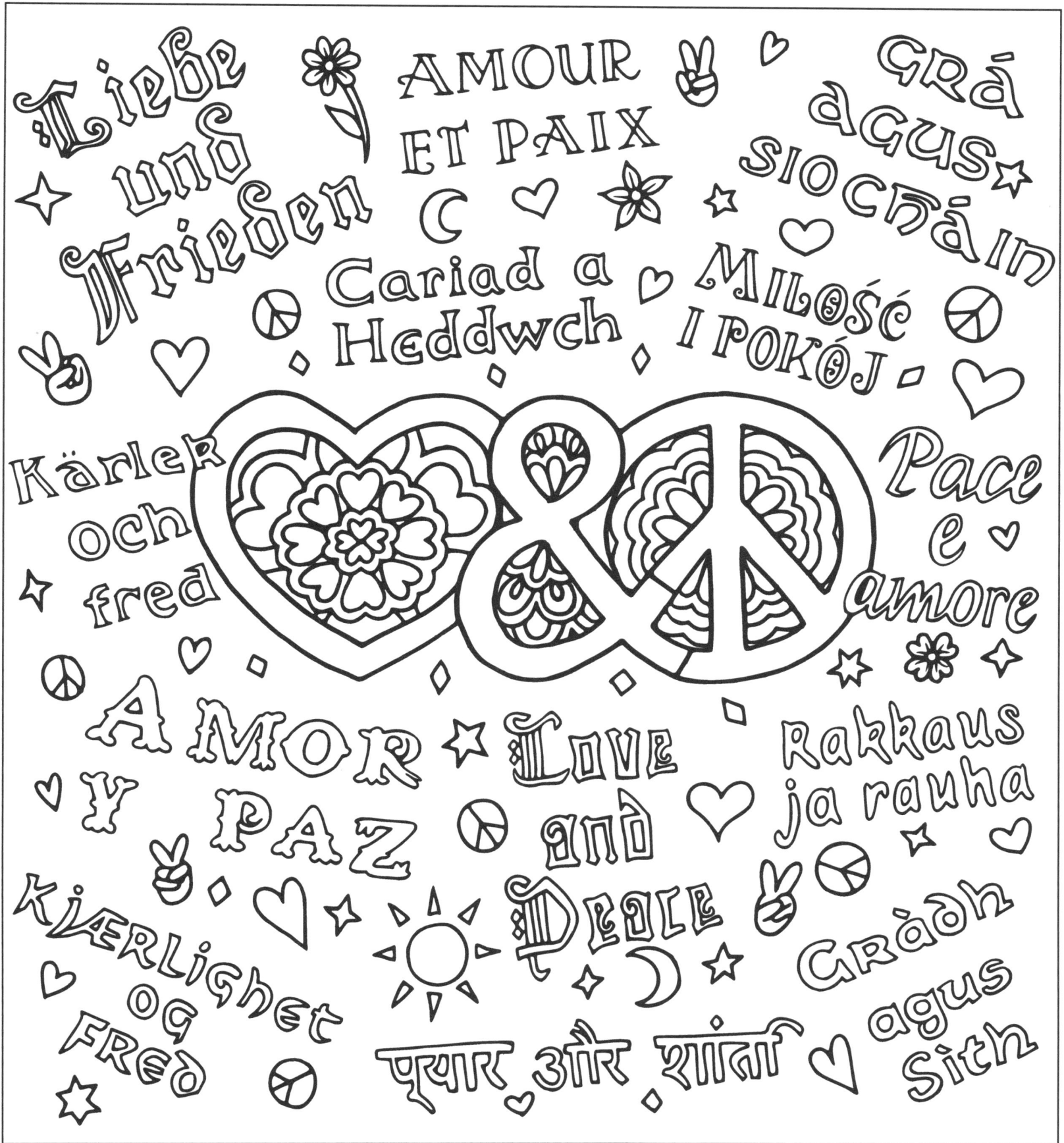

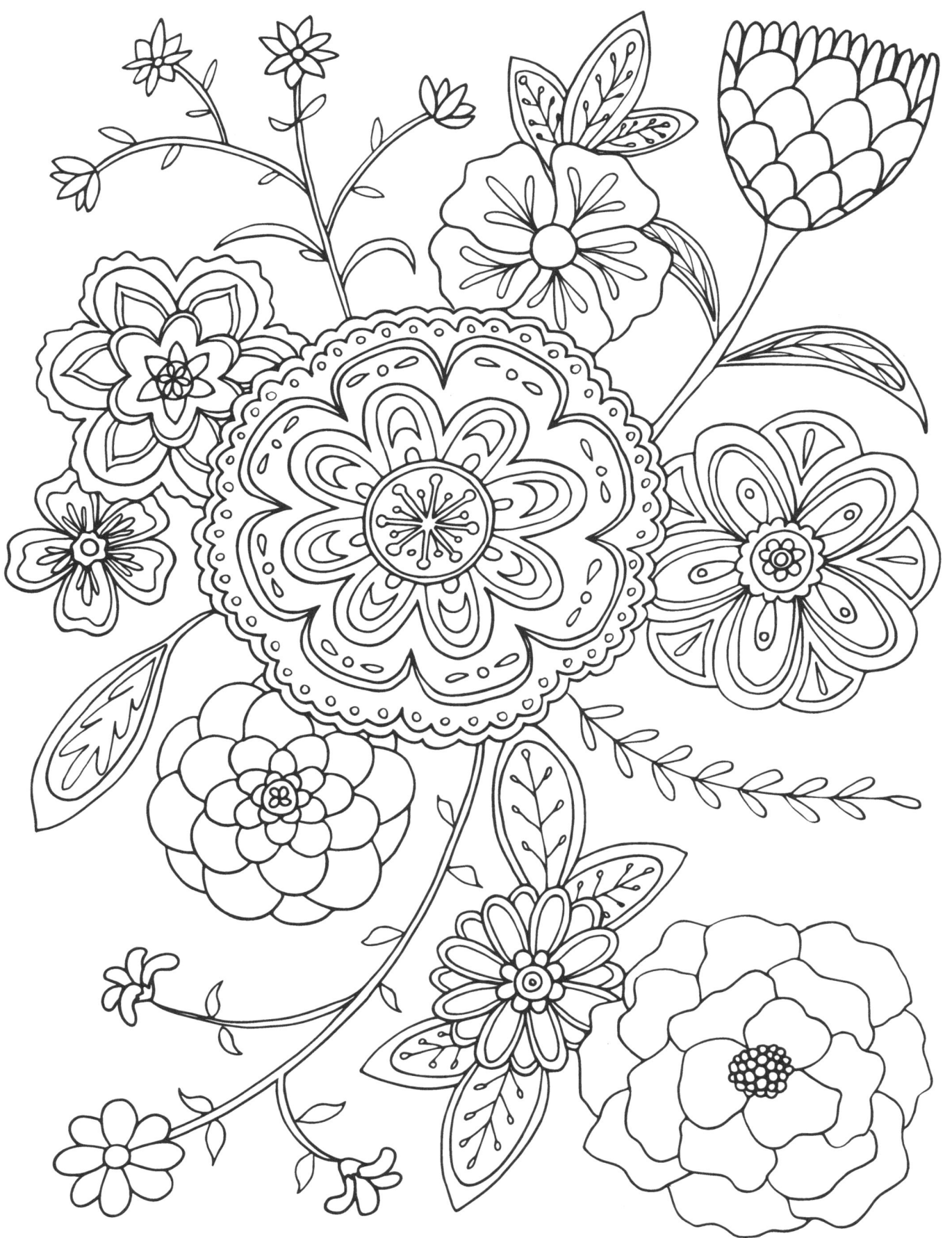

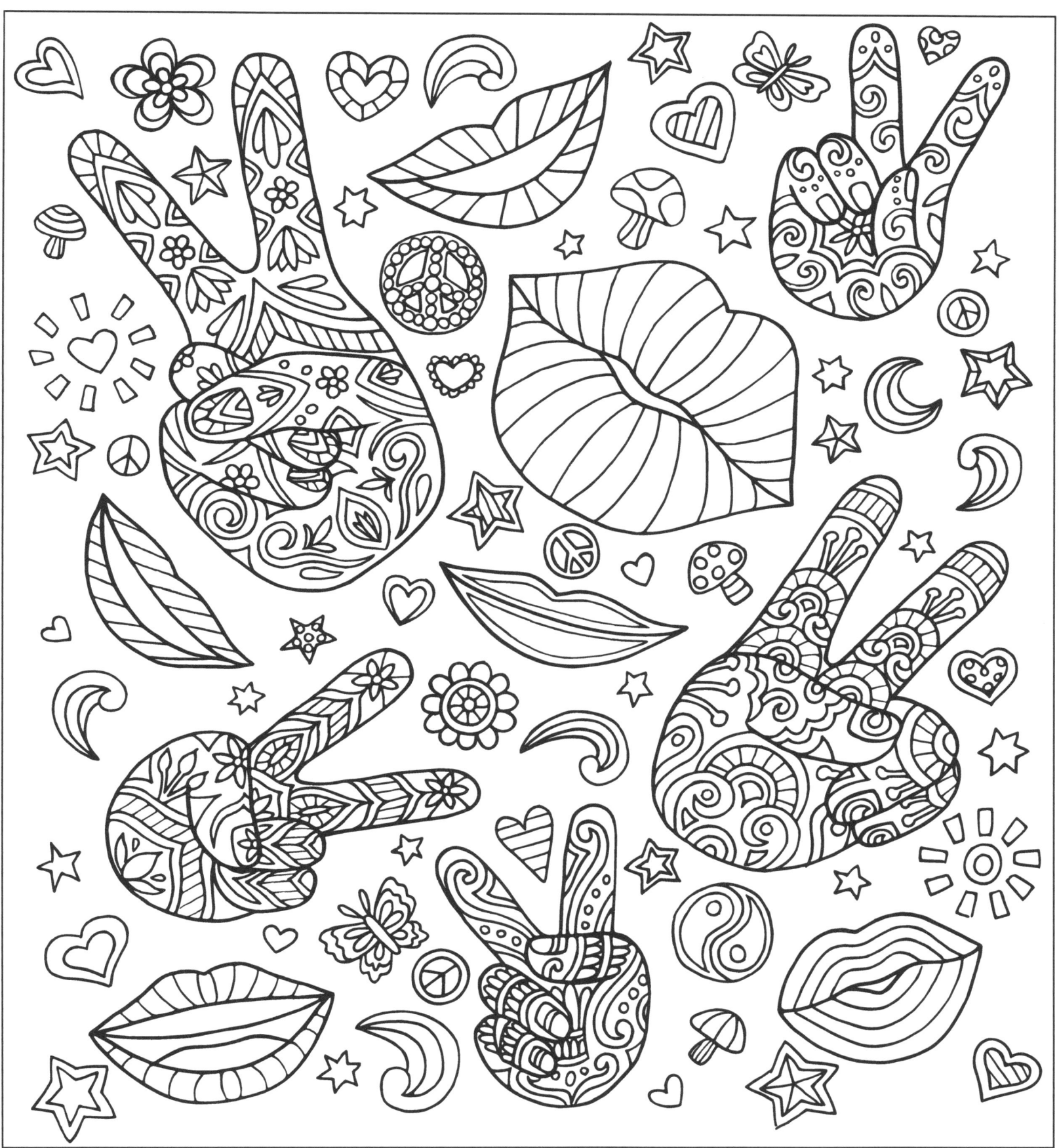

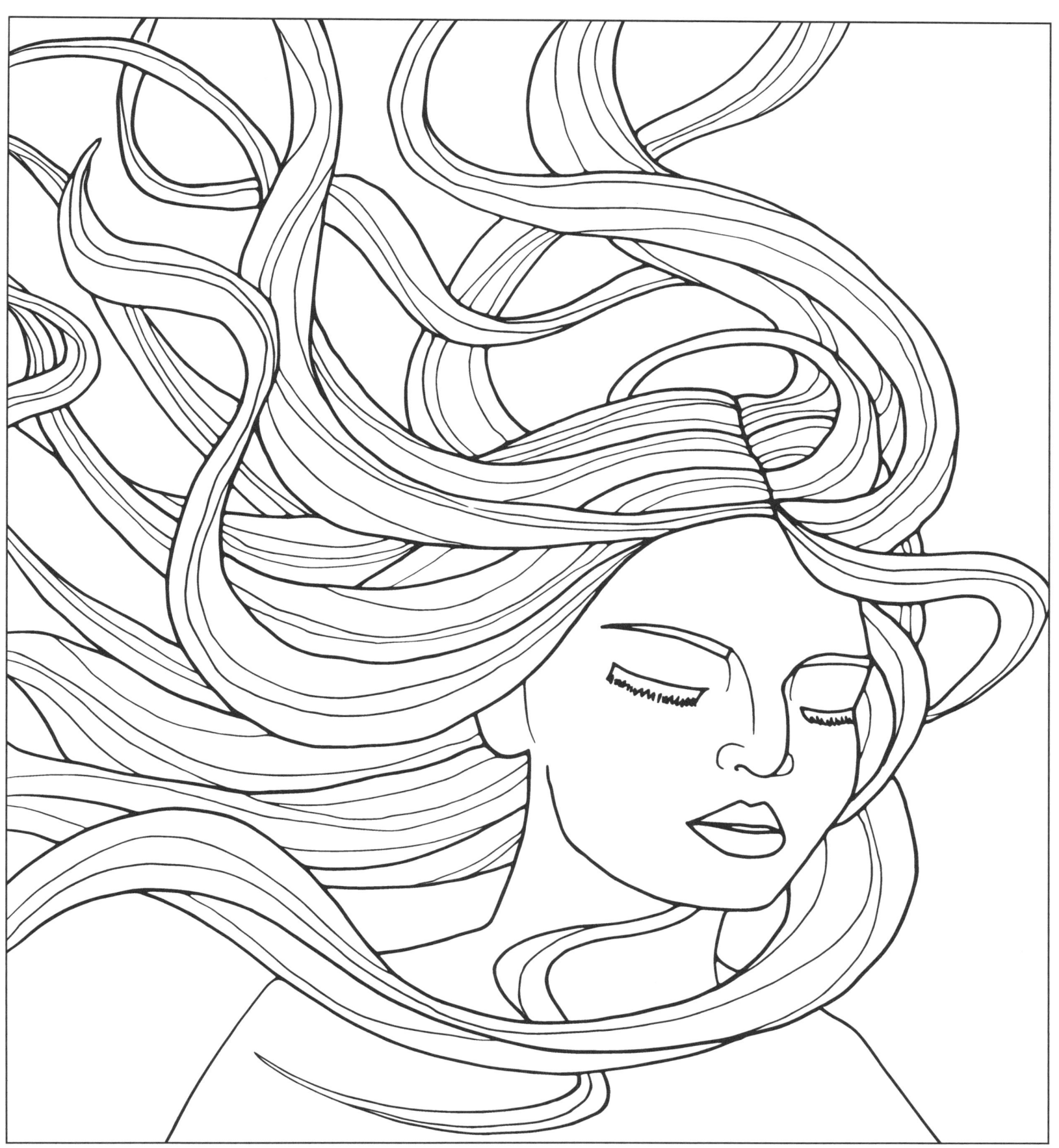

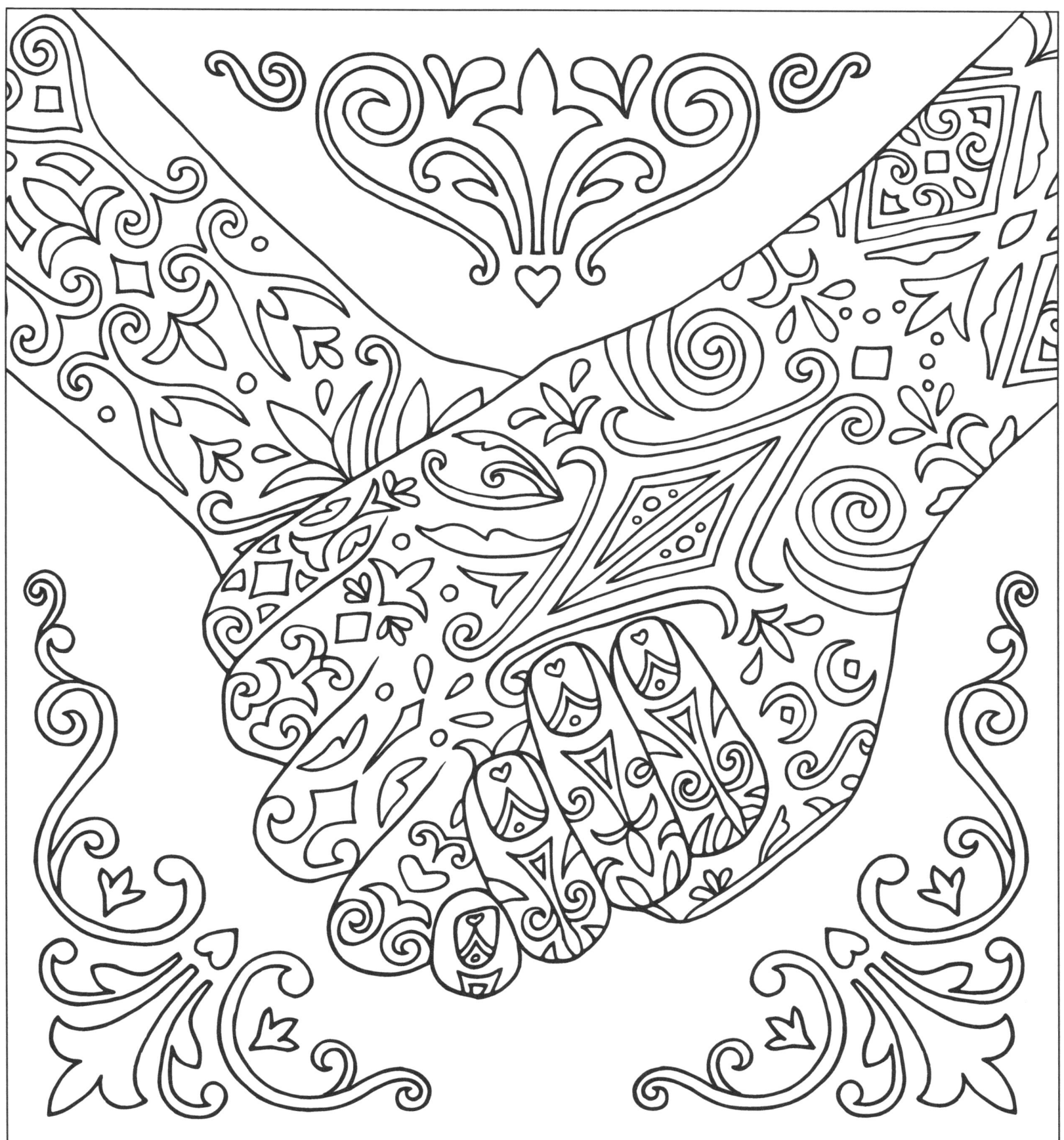

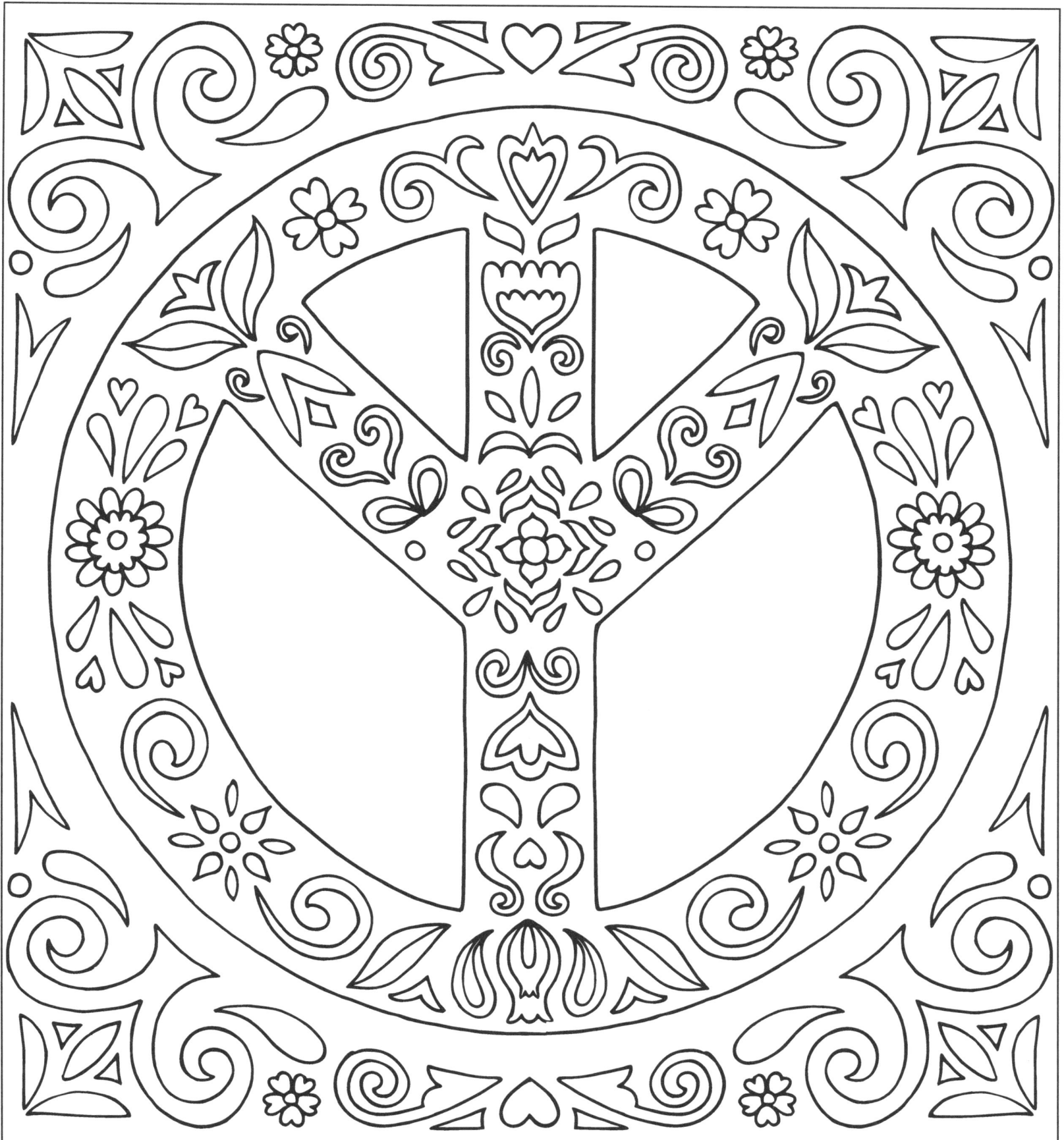

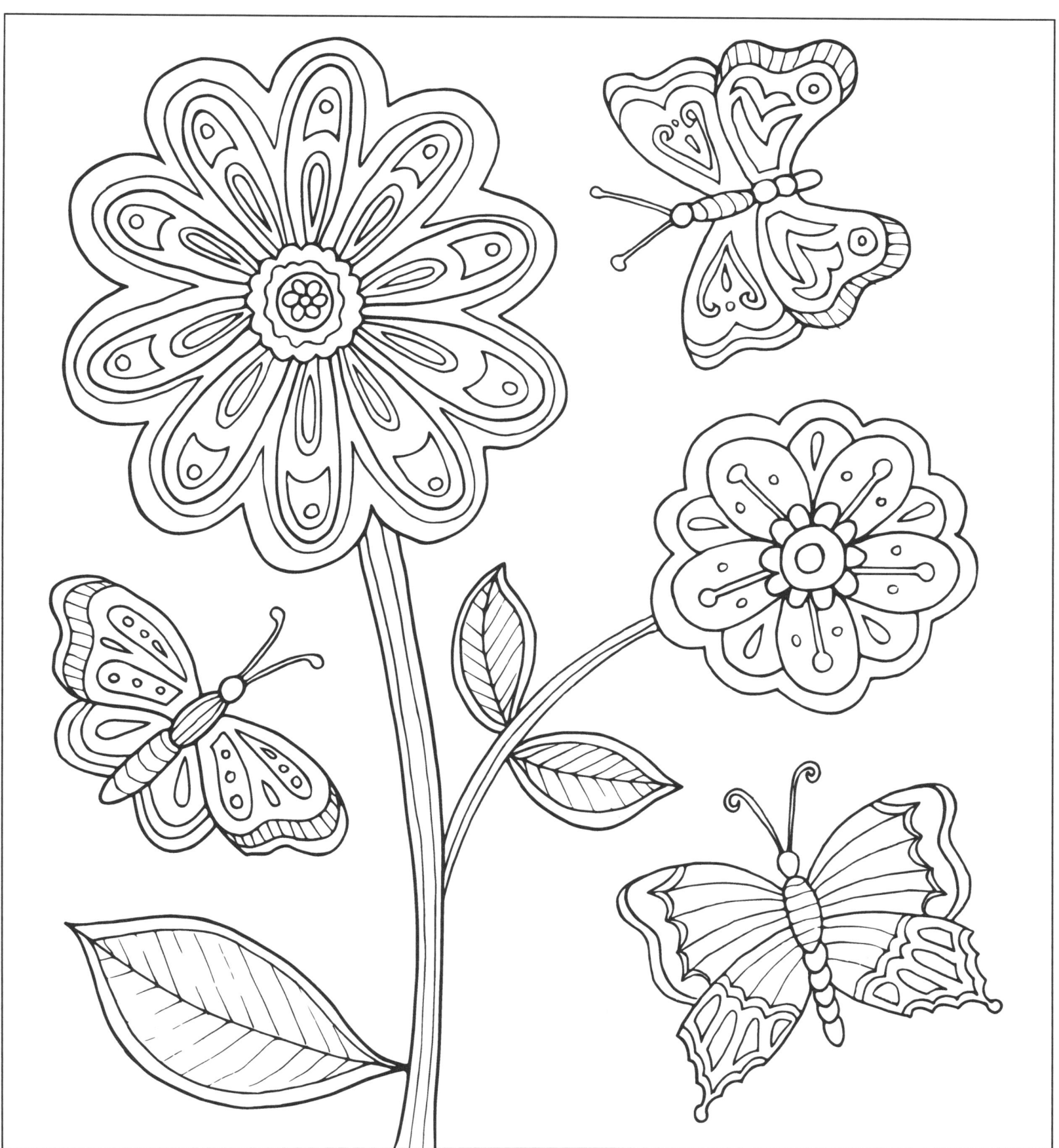

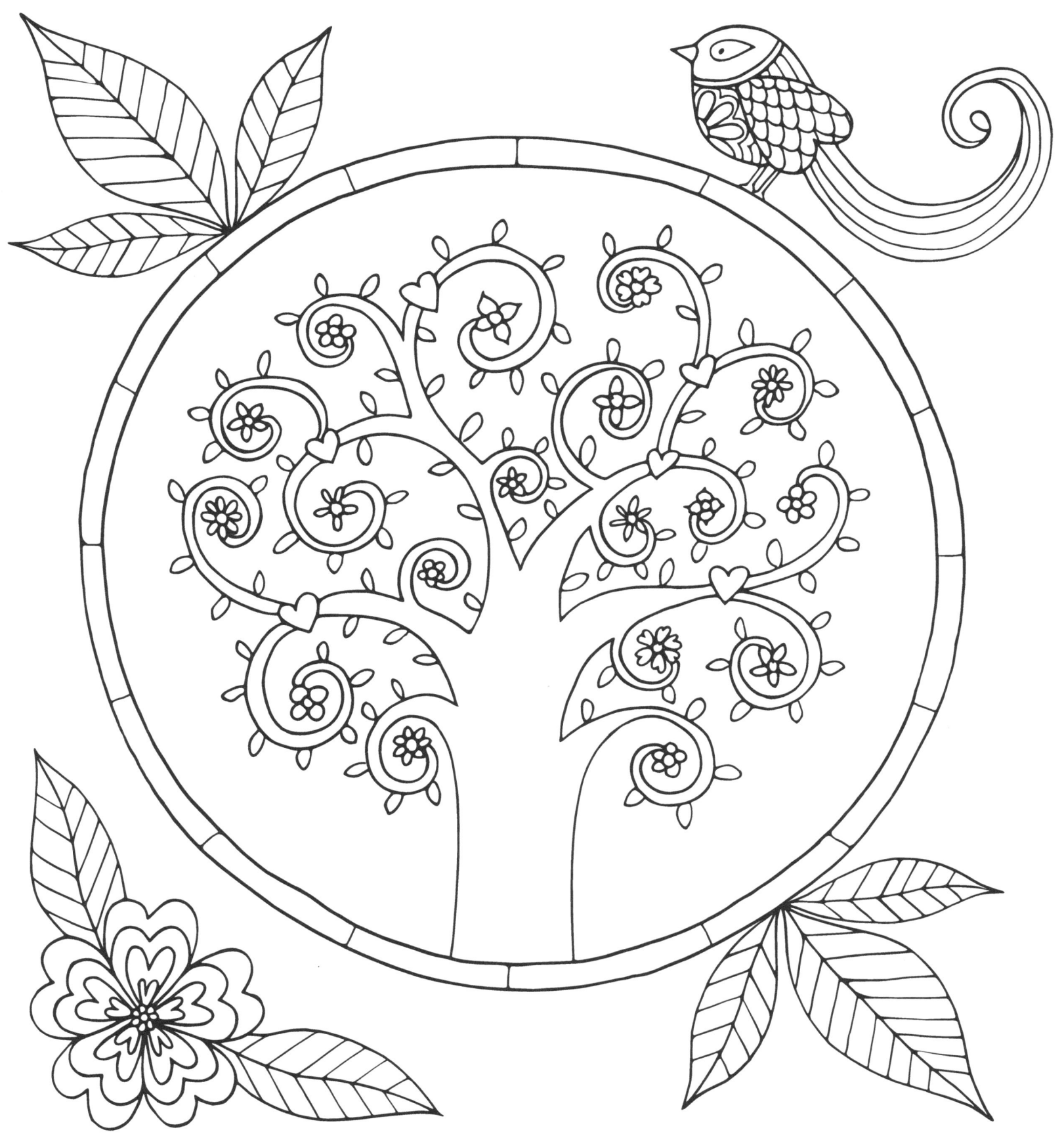

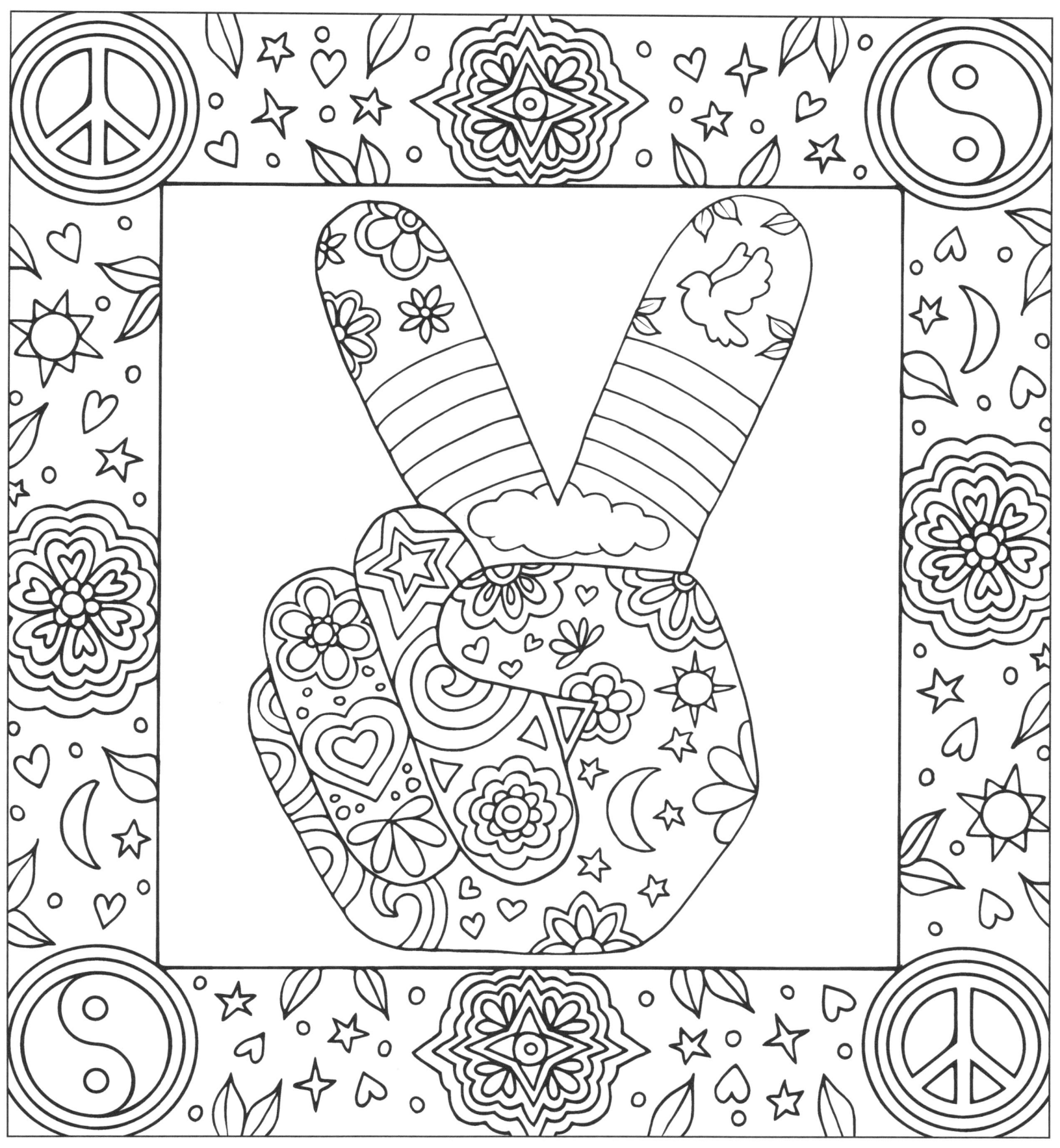

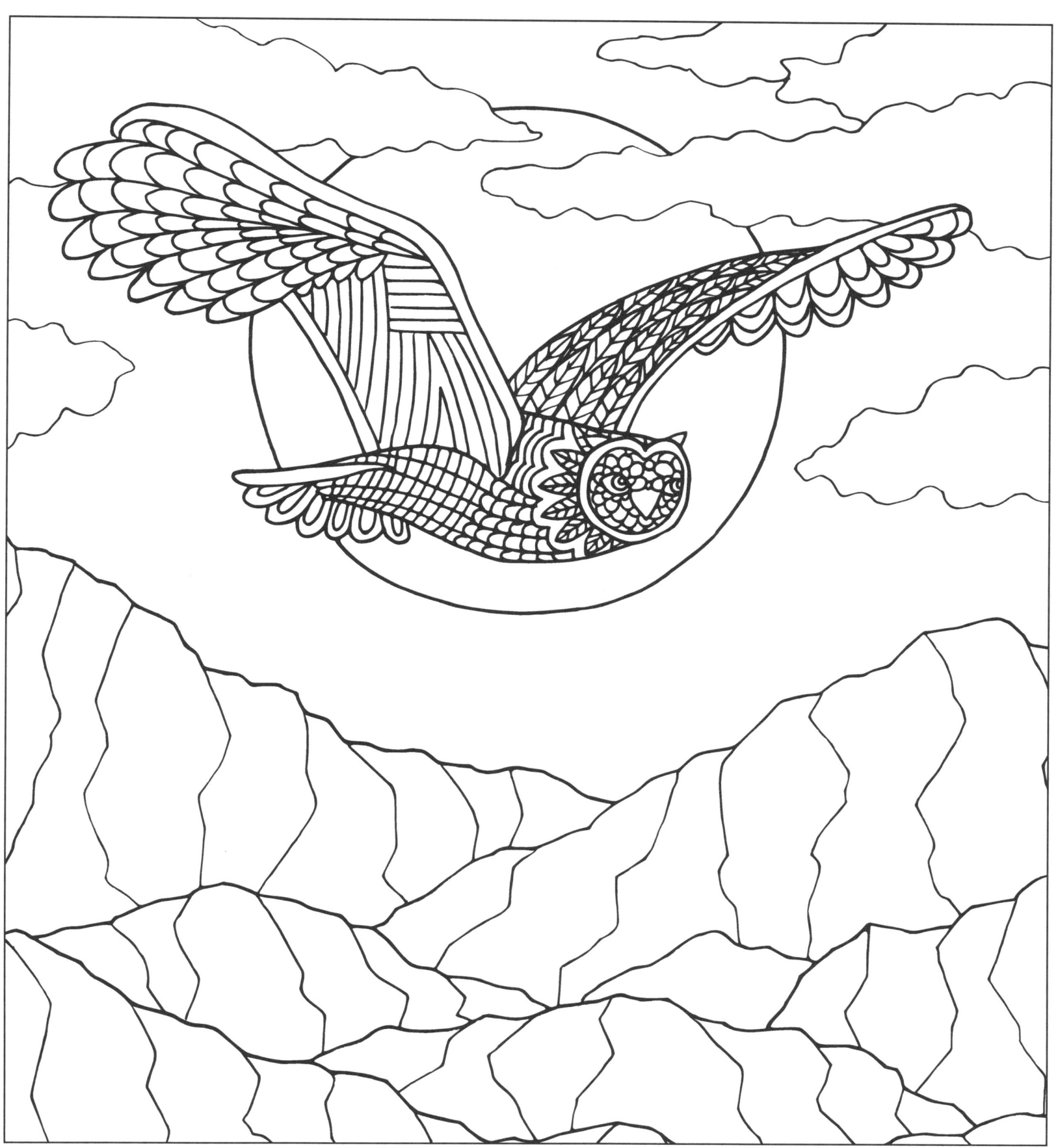

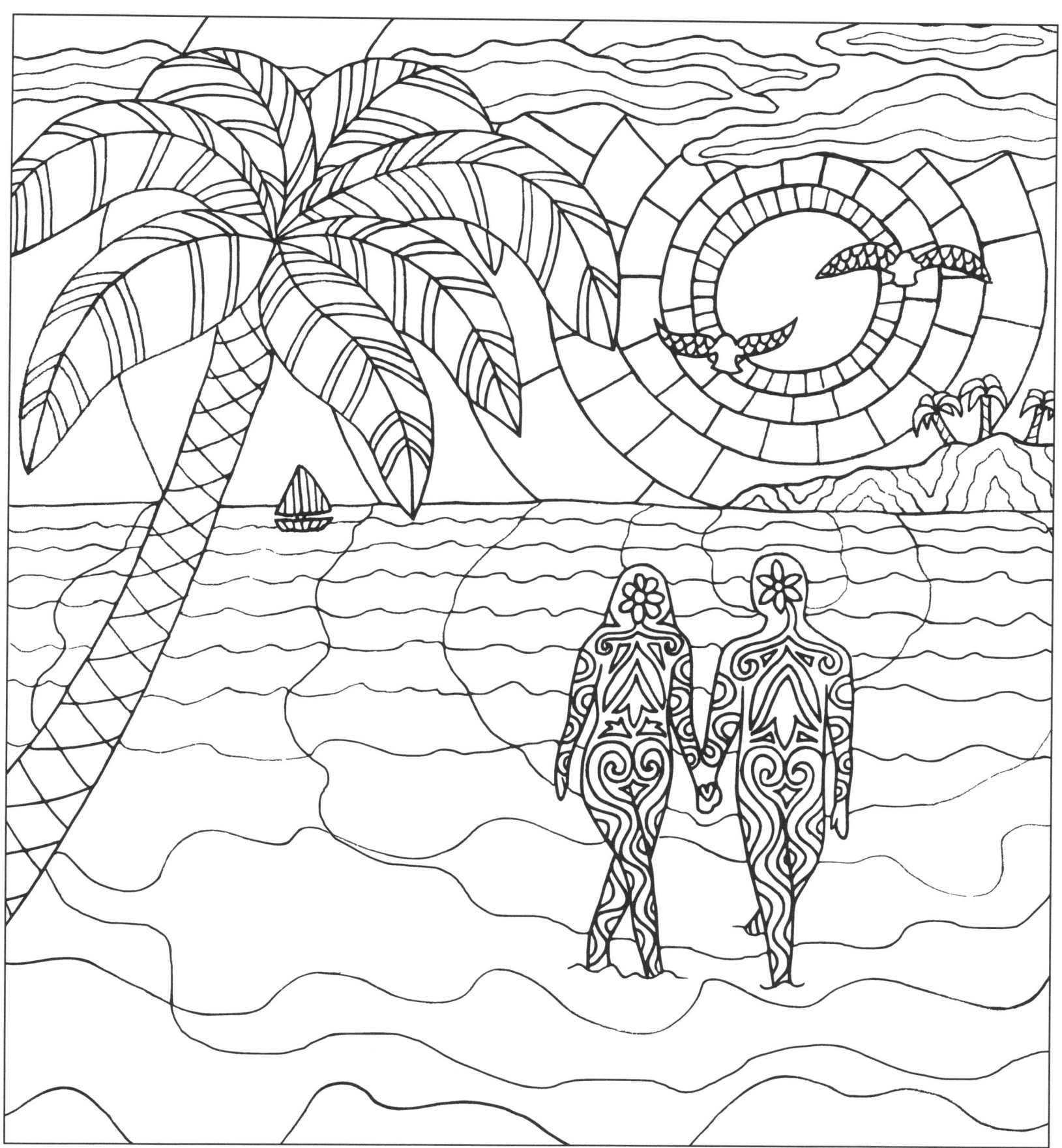

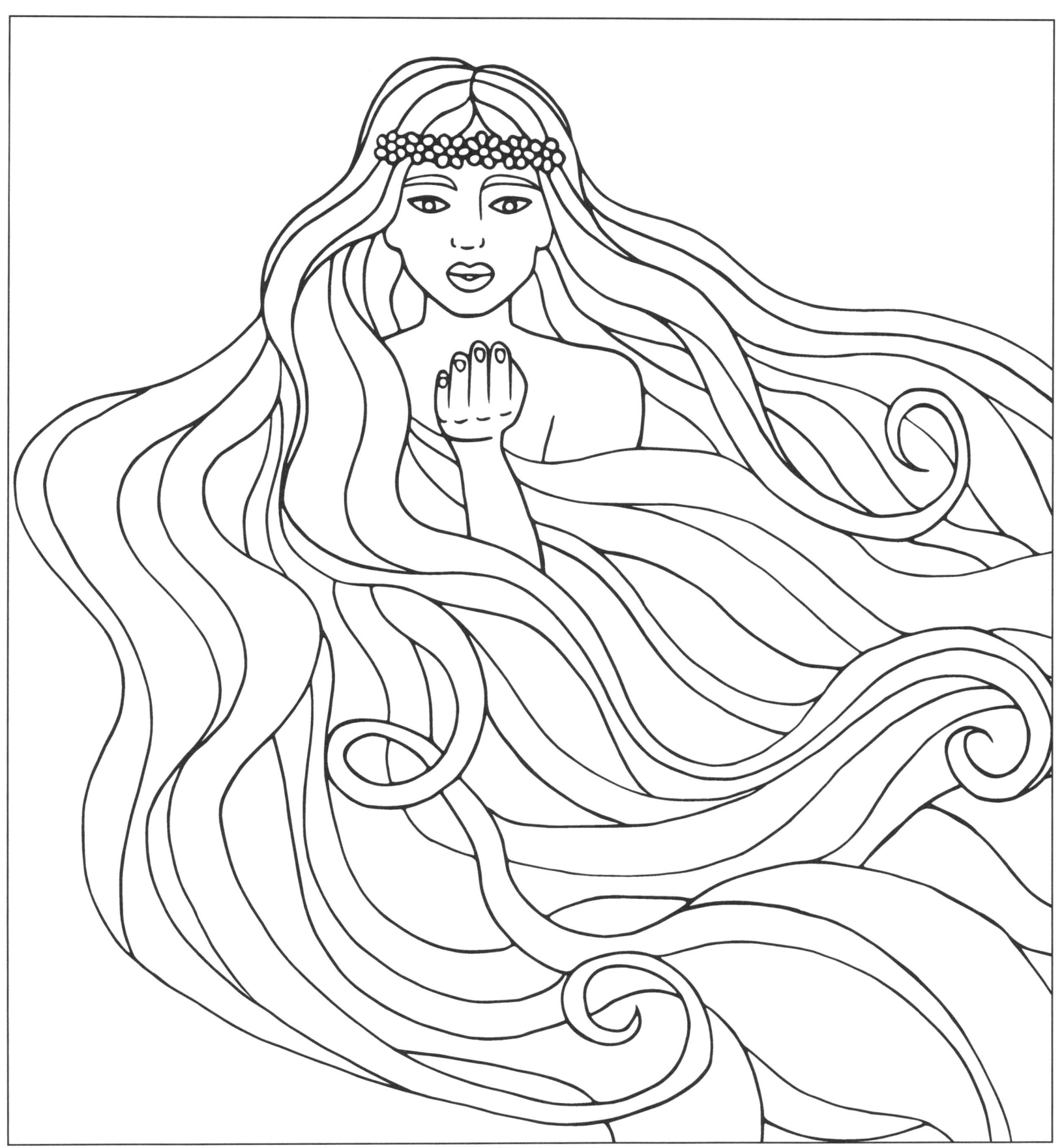